모두의 가로세로 낱말퍼즐

#두뇌트레이닝 #시간순삭 #스트레스안녕

모두의 가로세로 낱말퍼즐

기명균 지음

보누스

부끄러운 고백부터 해야겠다. 단어로 퍼즐을 만들고 그걸로 책까지 낸 사람이 할 소리는 아니지만, 말을 할 때나 글을 쓸 때나 단어 선택이 쉽지 않다. 문제는 크게 세 가지다. 아예 모르거나, 확실치 않거나, 잘못 알고 있거나.

① 독서량의 부족으로 아는 단어의 범위가 제한적이다.
② 기억력의 감퇴로 알던 단어도 떠오르지 않는다.
③ 자신감이 지나쳐 잘 모르는 단어도 안다고 믿는다.

나와 같은 문제를 겪고 있는 분이 있다면, 민망함을 무릅쓰고 이 책을 권한다. 1,500개의 단어로 만들어진 50개의 낱말퍼즐을 만들면서 나 역시 단어에 대한 감각이 조금 또렷해졌으니 믿으셔도 된다. 솔직히 난 이 책을 처음 읽는, 앞으로 빈칸을 채울 독자들이 부럽다. 머리 싸매고 만드는 것도 나름 성취감이 있지만, 역시 낱말퍼즐은 펜 하나 손에 들고 푸는 게 제맛이니까. 나도 풀고 싶다. 자신 있는 분이 있다면 주저하지 말고 퍼즐을 만들어 책으로 내주시길 바란다. 꼭 사서 풀 테니.

내 인생의 롤모델은 여러 명이다. 어릴 땐 계란을 품었던 발명왕 에디슨의 패기를 부러워했고, 성인이 된 후에는 욕심 없고 소박한 마음을 그대로 글에 담아내는 수필가 피천득을 동경했다. 4년 전, 또 한 사람의 롤모델이 생겼다. 우연히 한 사람의 부고 기사를 읽었는데, 직업이 독특했다. '낱말퍼즐 장인' 멀 리글(Merl Reagle)의 부고 기사였다. 평생 낱말퍼즐을 만들어 〈뉴욕타임스〉와 〈워싱턴 포스트〉 등 미국 50여 개 신문에 배포해왔고, 죽기 며칠 전까지도 퍼즐을 붙들고 있었다고 한다. 불현듯 어릴 때 스포츠신문의 낱말퍼즐을 찾아 풀고 넷마블 '배틀가로세로'를 즐겨했던 기억이 떠올랐다. 낱말퍼즐은 국내에서야 철이 지난 심심풀이로만 여겨지지만, 기사에 따르면 미국에서 지식인들이 하루를 시작하는, 혹은 하루를 마무리하는 '지적 유희'로 인기를 얻고 있단다. 〈뉴욕타임스〉 사이트에 들어가보니 크로스워드 섹션이 아예 따로 있었다. 그때 난 마침 주간지 〈대학내일〉 새 코너를 고민 중이었다. '낱말퍼즐을 풀고 싶은데 풀 퍼즐이 없는, 나 같은 사람이 있지 않을까?' 개편 회의 때 선배들에게 컨펌을 받고, 매주 〈대학내일〉에 낱말퍼즐을 실었다. '기명균의 낱말퍼즐'이라는 건방진 제목으로.

낱말퍼즐은 잡지사 에디터로 일하면서 딱히 가시적인 성과를 내지 못했던 내 자존감을 보호해주는 방어막이었다. 대학생들은 생각보다 열심히 퍼즐의 빈칸을 채워줬다. 월요일 아침에 잡지가 배포되자마자 풀어서 인스타그램에 정답 인증샷을 올리는 사람, 강의시간에 (하라는 공부는 안 하고) 퍼즐을 풀어 올리는 사람, 공강 시간에 친구들끼리 모여 퍼즐을 완성했다고 뿌듯해하는 사람. 그 덕분에 오랫동안 내 이름을 내건 건방진 제목의 코너를 연재할 수 있었고, 《모두의 가로세로 낱말퍼즐》이라는 책도 내게 되었다.

나의 롤모델이 되어준 멀 리글도, 코너 연재를 허락해주신 선배들도 감사하게 생각하지만 가장 고마운 건 퍼즐을 풀어준 전국의 대학생들이다. 이번 학기 시험 잘 보시길, 취업 준비 중이라면 원하는 회사에 꼭 합격하시길 기원한다.

기명균

1

가로 열쇠

1. 1993년작으로, 배우 장국영의 대표작. 북경 경극학교에서 함께 자란 두 남자가 최고의 경극 배우로 성장하고 방황하는 모습을 중국 역사와 함께 잘 보여준다. #FarewellMyConcubine

2. 노벨문학상 수상자 러디어드 키플링의 단편소설을 원작으로 만들어진 디즈니 애니메이션. #모글리

3. 기자 출신 작가 장강명이 2016년 발표한 소설. 남북 관계를 소재로, 한 편의 누아르영화를 보는 듯한 인상을 남긴다.

4. ①두산 베어스의 선수층. ②1925년 작가 전영택이 발표한 소설. ③아무리 퍼내도 마르지 않는 물통.

5. 정식 명칭은 자산운용사. 고객이 맡긴 자산을 주식, 채권 등 금융상품에 투자해 수익을 올리는 금융전문가.

6. 적법하지 않게 잔인한 폭력을 가하는 일. 미국 독립혁명 당시 반혁명 분자들을 즉결재판으로 처형한 판사의 이름에서 따온 말이다.

7. 2017년 9월 5일 스스로 생을 마감한 작가 겸 교수. 허례허식에 대한 반감이 강했고, 특히 '성(sex)'에 대해 솔직해야 한다는 주장을 폈다. 1992년 출간한 대표작 《즐거운 사라》가 성의식을 왜곡한다는 이유로 검찰에 구속된 적이 있다. #시대를잘못만난작가

8. 이탈리아 세리에 A의 대표적인 축구클럽. 구단 수뇌부가 범죄와 연루되어 2006년 강등 처분을 받았으나 다시 1부 리그로 올라와 리그 우승을 연거푸 차지하고, [가로11번 열쇳말]에서도 꾸준히 좋은 성적을 거두고 있다. #델피에로 #부폰

9. 19세기 프랑스를 배경으로 빅토르 위고가 쓴 장편소설. 빵을 훔치다 19년간 감옥살이를 한 주인공 '장발장'의 에피소드가 워낙 강렬해서 제목을 '장발장'으로 아는 사람도 많다.

10. ①"아무리 실력이 뛰어나도 인생은 '○○○'이 중요해." ②강풀의 웹툰 제목. ③버스커버스커의 노래 제목. '사랑은 ○○○'

11. FIFA 월드컵과 함께 가장 규모가 큰 축구대회. 매년 유럽 전역의 클럽들이 모여 실력을 겨룬다. 대회 상징이 별 모양이 그려진 축구공이라 '별들의 전쟁'으로도 불린다. #빅이어

12. 대담한 필치가 특징적인 조선 후기의 화가. 김홍도, 안경과 함께 조선의 3대 화가로 꼽힌다. 영화 〈취화선〉에서 최민식이 연기하기도 했다. #오원

13. 밤에도 해가 지지 않아 계속 낮처럼 느껴지는 현상. 핀란드, 아이슬란드 등 고위도 지방에서 주로 일어난다.

14. 게임이나 판타지 소설에서 등장하는 몬스터의 한 종류로, 젤리 덩어리같이 생겼다. 최근 들어서는 '액체괴물'이라 불리며 갖고 놀기 좋은 장난감으로 전락(?)했다.

15. '탈동조화'를 뜻하는 경제 용어. 한 국가의 경제가 인접국이나 세계의 추세를 따르지 않고 따로 노는 현상이다.

세로 열쇠

1. 조지 R. R. 마틴의 소설 《얼음과 불의 노래》를 원작으로 하는 HBO 드라마 시리즈. 선정적이고 폭력적인 장면이 많아 비판을 받기도 하지만, 보기 시작하면 쉽게 놓을 수 없는 마력이 있다. #WinterIsComing

2. 태조 이성계와 함께 조선 건국에 큰 역할을 한 '킹메이커'. 국가 체계를 설계한 인물로, 사극 〈뿌리깊은 나무〉 〈육룡이 나르샤〉 등에서 비중 있게 다뤄졌고 이 인물을 주인공으로 한 작품도 만들어졌다. #삼봉

3. 가장 믿을 만한 30개 기업의 주식을 표본으로 시장가격을 산출하는 미국의 대표 주가지수. #나스닥 #S&P 500

4. 컴퓨터와 스마트폰이 발달하고 한 사람이 여러 기기를 사용하면서 필수가 되어버린 기능. 내 스마트폰으로 기존 메일 계정을 사용할 때, 내 컴퓨터 속 음악을

정답 : 106쪽

아이폰에 넣을 때에는 아이튠즈를 이용해 '○○○'해야
한다.

5. ①권투에서, 양손을 이용해 잽과 스트레이트를 연달
아 넣는 기술. ②야구에서, 가장 믿을 만한 투수를 1선
발과 2선발로 활용하는 것. ③인터넷 축구 방송 〈한준
희-장지현의 ○○○○〉

6. 일반쓰레기는 일반쓰레기대로, 플라스틱은 플라스틱대
로, 병은 병대로, 종이는 종이대로 버리는 것.

7. 기업가 에릭 리스가 쓴 책. 실리콘밸리에서 잔뼈가 굵
은 본인의 경험을 토대로 극도로 불확실한 창업 환경
에서 끊임없는 혁신을 실현할 수 있는 창업 방법이 무
엇인지 제시한다. #지속적혁신을실현하는창업의과학

8. 현재 세계에서 가장 큰 돈을 벌어들이고 있는 영화 제
작사. 캡틴 아메리카, 아이언맨, 헐크, 블랙위도우, 토
르, 스파이더맨, 앤트맨, 데드풀, 닥터 스트레인지, 블랙
팬서, 캡틴○○….

9. 면바지 입고 등원한 국회의원. 제44대 보건복지부 장
관. 국민참여당 대표. 통합진보당 공동대표. 〈썰전〉 재
부흥을 이끈 공신. 노무현재단 이사장. #○○○의알릴
레오

10. '집단행동'이 특징인 쥐과의 포유류. 2017년 한 충청북
도의회 의원이 중부권 폭우 당시 해외여행을 떠났다는
비판을 받자 국민을 이 동물에 비유해 더 거센 비난을
받고 결국은 자유한국당에서 제명되었다.

11. 〈노트북〉〈블루 발렌타인〉〈라라랜드〉〈블레이드 러너
2049〉〈퍼스트맨〉 등에 출연한 배우.

12. ①LG전자가 예쁜 디자인과 가벼운 무게를 내세운 노
트북 브랜드. ②kg의 1,000분의 1을 뜻하며, 무게를
측정하는 단위.

13. 조선시대 왕명 출납을 담당했던 국왕의 비서기관.

14. 중국의 대표 전기자동차 제조업체. 1995년 배터리 제
조업체로 출발했다.

15. 생을 마감하는 순간. 부모의 죽음을 지켜보는 것을 '○
○을 지킨다'라고 한다.

2

1. 우리나라의 국가는 '애국가'. 미국의 국가는 'The Star Spangled Banner'. 일본의 국가는 '○○○○'
2. 인간생활에 이롭도록 품종개량을 해서 기르는 조류를 일컫는 말. 기르기 쉽고 번식 속도가 빠르다. 닭, 오리, 거위, 메추리 등이 여기에 속한다. #조류인플루엔자에 취약
3. 1971년 '아침이슬'로 데뷔한 포크 뮤지션. 히트송으로 '상록수' '사랑 그 쓸쓸함에 대하여' '한계령' '엄마가 딸에게' 등이 있다. 유행어로 '너 이름이 뭐니?' 등이 있다.
4. 조선 중기의 승려. 임진왜란 당시 의승도대장으로 왜군을 물리치는 데 힘을 보탰다. #법명은유정
5. 미국을 '기회의 땅'으로 보고, '저기 가면 우리의 꿈을 이룰 수 있을 거야.'라고 기대하는 생각을 이르는 말. #그러나생각처럼쉽지는않겠지
6. 국가무형문화재 제69호로 등록된 가면극 '하회별신 굿탈놀이'에 등장하는 탈의 종류. 이후 허영만의 만화, KBS 드라마로 제작된 바 있다.
7. '너는 내 마음 속에 남아' '새' '보이나요?' '사람이었네' '고등어' '아직, 있다' 등의 곡을 발표한 안테나 뮤직 소속의 싱어송라이터.
8. 제주시의 문화재 중 하나로, 신화 속에서 제주도의 시조이자 수호신이 태어난 곳. 양을나, 고을나, 부을나가 세 개의 구멍에서 솟아났다고 전해진다.
9. 영국 축구클럽 '아스날'의 전성기를 함께한 전설적인 선수. 국내 예능 프로그램 〈무한도전〉에 출연해 '물공 헤딩'으로 큰 화제를 모았다. 2018년 10월 AS 모나코 FC의 감독으로 부임했으나 성적 부진으로 3개월 만에 경질되었다. #티에리○○
10. 주로 '천사'와 대비를 이루는 존재. 한국 축구 국가대표팀 서포터즈 명칭이 '붉은 ○○'이고, 만화 《원피스》에 등장하는 과일도 '○○의 열매'다.
11. 기독교, 유대교, 이슬람교가 탄생한 도시. 신성시되는 곳인 동시에 이스라엘과 팔레스타인 사이에 가장 많은 종교 분쟁이 일어나는 곳이기도 하다.
12. 이집트 제18왕조 제12대 왕. 1922년 관, 미라, 보물 등이 거의 완전한 형태로 보존된 무덤이 발견되어 큰 화제를 낳았다. #황금마스크
13. '주근깨 빼빼 마른 ○○ ○○ ○ / 예쁘지는 않지만 사랑스러워 / 상냥하고 귀여운 ○○ ○○ ○ / 외롭고 슬프지만 굳세게 자라 / 가슴에 솟아나는 아름다운 꿈 / 하늘엔 뭉게구름 퍼져나가네'
14. 미국의 인터넷 방송 중계 서비스. 한국의 아프리카TV처럼 게임 방송에 특화되어 있다.
15. 겉으로는 같은 행동을 하면서도 속으로는 각자 다른 생각을 하고 있다는 뜻의 사자성어. 같을 ○, 평상 ○, 다를 ○, 꿈 ○.

1. 간결하고 단순함을 추구하는 문화 흐름. 20세기 후반 시각예술 분야에서 처음 등장했으나, 최근 들어 음악, 패션은 물론 생활양식까지 확장되었다.
2. 김윤석, 강동원, 박소담 주연의 한국 영화. '구마의식'이라는 마이너한 소재를 다뤘지만 500만 명이 넘는 관객을 동원하며 흥행에 성공했다. #호모사피엔스
3. 유네스코 세계문화유산으로 등록된 교토의 사원. '로쿠온지' 또는 '킨카쿠지'라 불린다. 1950년 한 승려의 방화로 누각의 상당 부분이 소실되었고, 미시마 유키오는 이 사건을 모티브로 동명의 소설을 발표했다.
4. 일본 총리 아베 신조의 부인. 2017년 모리토모 학교 비리 사건에 연루되어 일본 국민들의 거센 비난을 받았다.
5. 2018 평창 동계패럴림픽 알파인스키 시각장애 부문에

출전한 선수. 한 팀을 이룬 '가이드 러너' 고운소리 선수와의 우정으로 국민들에게 감동을 안겨줬다.

6. 15세기 말, 유럽인들이 아메리카, 아시아 등으로 가는 항로 개척과 신대륙 발견이 활발하던 시대. '코에이'에서 만든 게임 시리즈로도 유명하다.

7. 파리에서 태어난 클래식 음악가. 초기에 작곡한 '달빛'은 지금까지도 많은 사랑을 받고 있으며, 영화 〈릴리슈슈의 모든 것〉에서 끊임없이 재생되는 음악이 바로 이 사람의 곡이다. #클로드아실〇〇〇

8. 기관지나 폐의 혈관이 터져서 피를 토하는 것을 이르는 말. 보통 드라마에서 주인공이 이것을 해서 본인은 물론 주변 사람들도 깜짝 놀란다.

9. 이름이 길어서 PTA로 줄여 부르는 영화 감독. 인간의 불안정한 내면을 집요하게 파헤쳐서 작품 분위기가 대부분 어둡다. 〈부기 나이트〉〈매그놀리아〉〈펀치 드렁크 러브〉〈마스터〉〈팬텀 스레드〉 등을 연출했다.

10. 프랑스 서남부의 소도시. 이곳에서 개최되는 국제만화

제가 유명한데, 2017년에는 한국 만화 최초로 앙꼬 작가의 〈나쁜 친구〉가 '새로운 발견상'을 받았다.

11. 임금이 먹을 음식을 만들던 부엌을 일컫는 말.

12. 2006년 시작되었으나, 2017년 할리우드 제작자 하비 와인스타인의 성범죄 보도를 시작으로 전 세계에 큰 반향을 일으킨 운동. 성범죄 피해자들이 앞장서면서 미국뿐 아니라 전 세계로 퍼져나갔다. #TheSilenceBreakers

13. 아라비아반도 남서부에 위치한 국가. 수도는 사나. 최근 이곳 출신 난민 500여 명이 제주도에 입국해 난민 신청을 하면서 국내 여론이 찬반으로 나뉘었다.

14. 이슬람 신자들이 의무적으로 하루에 다섯 번씩 기도하는 예배로, 무슬림의 5가지 의무 중 하나이다. 메카를 향해 엎드려 알라를 찬양하는 기도문을 외운다.

15. '비정규 유격대원'을 뜻하는 말. 원래 명칭은 '파르티잔'이지만 국내에선 러시아어 발음을 따라 '〇〇〇'으로 불려왔다.

3

가로 열쇠

1. 《사피엔스》《호모 데우스》《21세기를 위한 21가지 제언》 등 내는 책마다 화제를 낳으며 영향력을 세계로 넓혀가고 있는 역사학자 겸 저술가. 학문의 경계를 넘나들며 '빅 히스토리' 붐을 선도하고 있다.

2. "바람이 머물다 간 들판에 / 모락모락 피어나는 저녁 연기 / 색동옷 갈아입은 가을 언덕에 빨갛게 ○○이 타고 있어요 / 허수아비 팔 벌려 웃음 짓고 초가지붕 둥근 박 꿈꿀 때 고개 숙인 논밭의 열매 / 노랗게 익어만 가는…" #동요 #강균성

3. 2000년대 채팅용으로 널리 쓰인 인터넷 메신저. 당시 네이트온, MSN과 함께 3대 메신저로 불렸다. 그러나 2012년 서비스를 종료했고, 지금은 나이 듦을 증명하는 과거의 추억이 되어버렸다.

4. 마블 코믹스의 등장인물 중 하나. 국내에서 실사영화로 만들어져 기존 슈퍼히어로영화와는 다른 B급 느낌으로 마니아를 양산하고 있다. #라이언레이놀즈 #19금

5. 〈그랜드 부다페스트 호텔〉〈A.I.〉〈클로저〉〈리플리〉〈로맨틱 홀리데이〉 #데이비드○○헤이워스○

6. 외발○○○, 두발○○○, 세발○○○.

7. 공중에서 지상으로 안전하게 내려오기 위한 기구로, 스카이다이빙할 때 꼭 필요하다. 부당하게 기회를 얻은 사람을 비꼬는 말로 쓰이기도 한다.

8. 한반도에 위치한 고대 국가 중 하나로, 나당 연합군에 의해 660년에 멸망했다. #온조 #근초고왕

9. 을사조약의 부당함을 알리고 친일파들을 규탄하기 위해 당시 〈황성신문〉의 주필이었던 장지연이 게재한 글의 제목. #이날을목놓아통곡하노라

10. 남과 여로 구분된 기존 화장실과 달리 성별 정체성이나 성적 지향에 따른 차이 없이 누구나 자유롭게 이용할 수 있는 공중 화장실. 트랜스젠더를 비롯한 성소수자들의 권리를 위한 것으로, 2015년 오바마 대통령의 지시로 백악관 내에 설치된 바 있다.

11. 범죄의 혐의가 인정되더라도, 담당 검사가 그 죄질이나 피해자와 나눈 합의 여부 등 여러 요소를 판단해 형사재판으로 넘기지 않고 사건을 종결시키는 것.

12. 원래 말로 표현할 수 없는 깊은 깨달음의 경지를 뜻하는 불교 용어지만, 요즘은 보통 말이라 할 수 없을 정도로 어이없는 언행을 비판할 때 쓰인다. #말의길이끊기다

13. 최고의 작품이나 배우들에게 수여되는 다른 상과 달리 그해 최악의 영화나 배우에게 주는, 풍자적인 의미의 상 혹은 시상식.

14. '세상을 즐겁게, ○○○○○!'라는 슬로건 아래 짧은 시간에 소비할 수 있는 흥미 위주의 콘텐츠를 제공하는 모바일 콘텐츠 애플리케이션. #우주의얇은꿀팁

15. ①18세기 '미국 건국의 아버지'라 불리는 정치인 겸 과학자 겸 사회활동가. #○○○프랭클린 ②1988년생 영국에서 태어난 피아니스트 겸 싱어송라이터. #○○○ 클레멘타인 ③브래드 피트, 케이트 블란쳇 주연의 영화 〈○○○ 버튼의 시간은 거꾸로 간다〉

세로 열쇠

1. 실존주의와 해석학의 선구자로 알려진 독일 출신 철학자. "언어는 존재의 집이다." #마르틴○○○○

2. ①잉글랜드의 공업도시. ②비틀즈 멤버들의 고향. ③2017−2018 챔피언스리그 준우승을 차지한 축구 클럽. #스티븐제라드 #모하메드살라 #위르겐클롭

3. 공유경제+택시=?

4. 서울시 중구에 위치한 도로 혹은 행정구역. 최근 몇 년간 '힙스터들의 새로운 성지'로 주목받고 있다. #2호선

5. 2000년 출범한 영화제로, 상업적인 측면보다는 "동시대 영화예술의 대안적 흐름에 주목해, 독립영화나 예술영화의 최전선에 놓인 작품들을 소개하는 것"을 목

적으로 한다. #JIFF

6. 중국 고대의 사상가 중 한 명. 그는 자연 그대로 흘러 가는 본질적인 힘에 주목했다. "내가 나비가 되는 꿈을 꾼 것인가? 나비가 내가 되는 꿈을 꾼 것인가?"

7. 1948년 태어나 1970년 분신자살한 대한민국 노동운 동의 상징. #○○○평전 #우리는기계가아니다

8. 신도림-대림-구로디지털단지-신대방-신림-봉천- 서울대입구-○○○-사당-방배-서초-교대-강남.

9. 2016년 겨울, 가장 많이 이름이 언급된 인물. 2018년 2월 1심 공판에서 법원은 징역 20년을 선고했다. #본 명최서원

10. 2013년 데뷔한 아이돌 그룹. 국내 아이돌로는 최초 로 빌보드 뮤직 어워드에서 공연을 했고 '빌보드 차트 200'에서 1위를 달성했다. #불타오르네 #DNA #아미

11. 2016년 5월 개봉한 한국 영화. 〈추격자〉〈황해〉를 만 든 나홍진 감독의 작품으로, 강렬한 인상으로 화제가 되었다. #그놈은미끼를던진것이여 #자네딸은그미끼를

확물어분것이고

12. 2018년 평창 동계올림픽 개막식과 폐막식에서 공동 음악감독을 맡은 피아니스트 겸 작곡가. 재일교포 2세 로도 알려져 있다. #료쿠니히코

13. 12세기에 아역 배우로 데뷔한 뒤, 걸그룹 f(x)의 멤버로 활동하다가 2015년 탈퇴한 뒤 배우로 활동 중인 연예 인. #최진리

14. ①'이러든 저러든'이란 뜻의 부사. ②"○○○ 우승은 송민호!" "○○○ 남편은 류준열" "○○○ 남편은 택 이" ③"○○○ 잊어야 할 사람이라면 돌아서서 울지 마라 눈물을 거둬라"

15. 클래식 뮤지션 하면 가장 먼저 떠오르는 사람 중 하나. 음악가에게 치명적인 '청각장애' 선고를 받았으나 그 후에도 강인한 의지로 활동을 계속해 역사에 길이 남 을 작품들을 남겼다. #루트비히판○○○

11

4

가로 열쇠

1. 19세기 중반, 영국 동인도회사에 맞섰던 인도 최초의 민족 항쟁. 그러나 결과적으로 실패로 돌아가면서 본격적인 영국의 식민 지배가 시작됐다.

2. 개인적인 가사·가정 문제로 국방부의 허가를 받아 군 복무 기간보다 일찍 제대하는 것.

3. "완만했던 우리가 지나온 길엔 달콤한 사랑의 향기 / 이제 끈적이는 땀, 거칠게 내쉬는 숨이 우리 유일한 대화일지 몰라" #축가1순위 #월간윤종신 #이제부터웃음기사라질거야

4. 핵심 주제 혹은 테마에 맞게 컬러나 방향성, 표현 방식 등을 통일하는 것을 뜻하는 말로, 보통 '○○○○를 맞춘다'라고 표현한다. #홍대루프탑카페이름

5. 신라시대의 전설에 나오는 신비한 피리. '세상의 파란을 없애고 평안하게 하는 피리'라는 뜻으로, 모든 불안이 진정되고 평화가 오길 바라는 소망이 담겨 있다.

6. 'ID; Peace B'-'No. 1'-'Valenti'-'아틀란티스 소녀'-'My name'-'Girls on top'-'Only one' #아시아의별

7. 동맹국이 다른 나라의 무력 공격을 받았을 때, 이것을 자국에 대한 공격으로 간주해 공동 대응할 수 있는 권리. 일본 아베 총리는 이것을 행사하기 위해 관련 법안을 통과시켰다.

8. 인간의 힘으로 어떻게 해볼 수 없는 상황 또는 그런 상황을 만든 재난. "솔직히 그건 ○○○○이었어"

9. ①'옛날에 ○○○ 동산에 매기 같이 앉아서 놀던 곳' #매기의추억 ②드라마 〈꽃보다 남자〉의 여자 주인공. #구혜선

10. 피부가 까맣게 타는 것이 싫고, 노출이 부담스러워 비키니를 입고도 그 위에 반팔티를 덧입었던 사람이라면 환영할 수밖에 없는 수상스포츠 필수품.

11. 도심에 직장을 둔 사람들이 쉽게 출퇴근할 수 있도록 도심 주변에 형성되는 주거지. #분당 #일산 #안양 #하남 #부천

12. 밥을 아무리 배불리 먹었어도 ○○○ 먹는 배는 또 따로 있어요♡

13. 매운 닭발, 엽기떡볶이 등 매운 음식과 조합이 좋은 과일향 음료. #복숭아맛 #파인애플맛

14. 작가 기시미 이치로가 베스트셀러 《미움받을 용기》를 집필할 때 이론의 토대로 삼은 심리학자.

15. 올림픽이 치러진 뒤 연이어 곧바로 열리는 스포츠 대회. 올림픽에 비해 인지도가 낮고 규모도 작지만, 신체 장애를 가진 선수들이 다양한 종목에 출전해 메달을 노린다.

세로 열쇠

1. 사극에서 양반이 남의 집 문 앞에서 외치는 소리. #comehere

2. '유교의 질서를 어지럽히는 도적'이라는 뜻으로, 당쟁이 격렬하던 조선 중기 이후 상대 진영의 라이벌을 궁지로 몰기 위해 자주 사용했던 표현.

3. 특정 개인이나 조직을 대신해 공식적인 입장을 전달하는 사람. "니가 얘 ○○○이야?" #spokesman

4. 원자번호 36, 원소 기호는 Kr인 비활성 기체. 영화 〈슈퍼맨〉에서, 지구로부터 27광년 떨어져 있는 가공의 행성 이름이기도 하다.

5. '불행 끝 행복 시작' '좋은 일만 있을 거예요' '행복하자 아프지 말고'를 다섯 글자로 줄이면? #세정아 #찬열아 #온유야 #다녤아 #아름따다가실길에뿌리오리다

6. 1983년에 태어난 배우. 〈네버 렛 미 고〉-〈소셜 네트워크〉-〈어메이징 스파이더맨〉-〈라스트 홈〉-〈사일런스〉-〈핵소 고지〉

7. 계정에 로그인하기 위해서 꼭 알아야 하는 것 두 가지 중 하나. 혼자 알고 있어야 하는 패스워드와 달리, 이

정답 : 106쪽

건 다른 사람들도 모두 볼 수 있다. #내○○○는kiki ki0115

8. 그레고리 머과이어의 소설을 원작으로 한 뮤지컬. 브로드웨이에서 가장 크게 히트한 작품 중 하나다. "It's time to try defying gravity. I think I'll try defying gravity. And you can't pull me down."

9. 2015년 즈음부터 쓰이기 시작한 신조어로, 보통 부모의 경제력에 따라 정해진다.

10. 국내에서 가장 유명한 진통제. #아세트아미노펜 #두통치통생리통 #우먼스○○○○

11. 2010년 설립된 연예매체. 연예인들의 연애 관계를 폭로하는 것을 주업으로 하는 '연애 매체'이기도 하다. 집요한 파파라치 사진과 자신들만의 스토리텔링으로 셀럽들의 열애 사실을 드라마틱하게 폭로하는 것으로 이름을 알렸다. 매년 1월 1일에 맞춰 굵직한 스캔들을 터뜨린다. #꼭알아야하는것도다모르는데 #몰라도되는일까지굳이?

12. 2007년 롯데 자이언츠에서 데뷔했고, 이후 쭉 한 팀에서 활약하고 있는 외야수. #오빠므찌나

13. 평생 눈을 본 적도 없는 자메이카 젊은이들이 동계스포츠인 봅슬레이에 도전한다는 내용의 스포츠영화. #1993년작

14. 국제공인외국어회화시험. 삼성전자가 공채 요건에 포함시키면서 급속도로 확산되었고, 현재는 토익 스피킹과 함께 영어 말하기 시험의 양대 산맥을 이루고 있다.

15. 이스트소프트에서 개발한 압축 프로그램으로, 이후 비슷한 소프트웨어가 많이 개발됐지만 여전히 압축 프로그램 하면 '○○'을 가장 먼저 떠올린다. #ALZ #EGG

5

가로 열쇠

1. 합천 해인사에 보관되어 있는 국보 제32호로, 총 81,258판에 법문이 실려 있다. 2007년 유네스코 세계기록유산에 지정되었다.
2. 한 사람을 벌해서 모든 사람이 경각심을 갖게 하다. #사자성어 #한사람은무슨죄야
3. 지문에 이어 보안 시스템에 사용되는 신체기관. 생후 18개월 이후 완성되면, 평생 변하지 않는 특성을 갖고 있다. 2017년 출시된 갤럭시 노트7부터 ○○ 인식 기능이 탑재되기 시작했다. #주인님눈을왜그렇게떠요
4. "○○은 폐암 등 각종 질병의 원인! 그래도 피우시겠습니까? 담배 연기에는 발암성 물질인 나프틸아민, 니켈, 벤젠, 비닐클로라이드, 비소, 카드뮴이 들어 있습니다." #금연상담전화1544-9030
5. 구약성서에 등장하는 인물로, 머리카락이 잘리면 힘을 잃는다.
6. 〈SNL 코리아〉에서 처음 이름을 알린 배우. 'SNL 더빙 극장'의 핵심으로 활약했다. 표정과 말투, 목소리 등으로 나문희, 선우용녀, 김경호 등을 아주 훌륭하게 모사한다. #호박고구마
7. 동물이 자신의 서식 장소에서 멀리 떨어져 있더라도, 다시 그곳으로 되돌아오는 성질을 뜻하는 말. "술을 많이 마셔서 필름이 끊겨도 이상하게 집은 잘 찾아가더라고." #연어
8. 영장을 발부받은 뒤에 수사 대상이 되는 물건을 찾고, 나아가 취득하는 강제처분. "○○○○ 영장입니다!"
9. 2008년 출간된 김려령의 소설. 70만 부가 넘는 누적 판매량을 기록한 베스트셀러. 이후 유아인, 김윤석 주연의 영화로도 제작됐다.
10. 구파발과 불광 사이, 구상과 독바위 사이.
11. 장타를 많이 쳐낼 수 있는 힘을 가진 타자를 이르는 말. 2007년 출시된 야구게임 이름이기도 하다. #최형우 #박병호 #이대호 #최정
12. '서양 교육은 죄악'이라는 뜻을 가진 나이지리아의 이슬람 극단주의 테러 조직. 2014년 나이지리아 북부의 한 학교에서 여학생 276명을 납치해 전 세계의 공분을 샀다.
13. 세계대전 당시 군인들이 성적 매력이 드러난 여성들의 사진을 벽에 걸어둔 데서 유래한 말. 요즘에도 남성 소비자를 겨냥한 마케팅에 활용되는 경우가 적지 않다.
14. 교과과정 이수를 위해 학교 현장에 나가 교육 실습을 하는 사람을 이르는 말. #가르치면서배우는사람
15. 에스토니아, 라트비아와 함께 '발트 3국'으로 묶이는 유럽 국가. 소련에 편입된 나라 중 가장 먼저 주권 독립을 선언했다. #수도는빌뉴스

세로 열쇠

1. 차량에 필수적으로 설치된 장치이고 매우 중요한 역할을 하지만, 영영 쓸 일이 없다면 그것이 베스트. 충격으로부터 승객을 보호한다.
2. 해삼, 오징어, 소라, 새우, 죽순, 표고버섯, 양송이 버섯, 닭고기 등 8가지 귀한 재료를 써서 만든 중국요리. #이제짜장면은지겨워
3. "아름다운 이 땅에 금수강산에 / 단군 할아버지가 터잡으시고 / 홍익인간 뜻으로 나라 세우니 / ○○○○ 훌륭한 인물도 많아" #한국을빛낸100명의위인들
4. 논밭을 갈 때 쓰이는 농기계. #트랙터 #○○○드리블
5. "무단정치 정중부 화포 최무선 죽림칠현 김부식 / 지눌 국사 조계종 의천 천태종 대마도 정벌 이종무 / 일편단심 정몽주 목화씨는 문익점 / 해동공자 최충 삼국유사 ○○ 역사는 흐른다" #한국을빛낸100명의위인들
6. 기를 증폭시켜 전투력을 몇 배로 끌어 올리는 《드래곤볼》 주인공 손오공의 필살기.
7. 칸, 베를린 등 해외 영화제가 사랑하는 한국 감독. 홍

정답 : 107쪽

행에 성공하는 경우는 별로 없으나 꾸준히 영화를 만들고 완성도도 높다. #생활의발견 #잘알지도못하면서 #하하하 #옥희의영화 #누구의딸도아닌해원 #지금은맞고그때는틀리다

8. 루마니아 지역에서 유래한 괴이한 존재의 한국식 명칭. 인간의 피를 빨아 먹고 산다. #뱀파이어

9. 과학시간에 배운 현상. 농도가 다른 두 액체를 '반투막'으로 막아놓았을 때 농도가 낮은 쪽에서 높은 쪽으로 액체가 이동하는데 이때 작용하는 압력을 이르는 말. #쓰면서도잘모르겠네

10. 사회구성원 모두에게 최소생활비를 지급하는 제도 또는 그 최소생활비. 2016년 6월 스위스에서는 이 제도의 시행을 놓고 국민투표를 실시했으나, 76.9%의 반대로 무산되었다.

11. 개강을 앞둔 대학생들이 원하는 강의를 듣기 위해 벌이는 경쟁. 손이 얼마나 빠른지, 전략을 어떻게 짜는지가 중요하다. #총성없는전쟁

12. 610년 아라비아의 예언자 무함마드가 전지전능한 알라의 가르침을 받들어 창시한 종교. #코란 #칼리프

13. 관객의 호기심을 자극하고 예상치 못한 스토리 전개를 위해 감독이 일부러 관객에게 던지는 영화적 장치. #알프레드히치콕

14. 다른 술에 비해 달짝지근하고 걸쭉하다. 다음날 머리가 특히 더 아픈 것으로 알려져 있다. 한국의 전통술이다. #그게말이야○○○야?

15. 한국, 일본, 대만, 중국 등지에서 볼 수 있는 바닷물고기. 회, 구이, 탕은 물론 초밥에도 사용되는데, 비린내가 심하지만 간장을 사용하면 비린내를 줄일 수 있다. #Sillago_japonica

6

1. 와인과 소믈리에에 대해 다룬 일본 만화. 와인에 관심 없던 사람들도 와인을 공부하게 만든 만화이기도 하다. #아기타다시

2. 한국 국가대표팀에서 오랜 기간 핵심 스트라이커로 활약했으나 2002년 한일 월드컵 당시 미국전에서 결정적인 찬스를 허공으로 날려버려 흑역사로 남아 있다.

3. 국토 면적이 가장 넓은 나라. 냉전을 겪은 후로 미국과 쭉 대립해왔다. 2014년에 동계올림픽이, 2018년에 월드컵이 열린 곳이기도 하다. #모스크바 #블라디보스토크

4. 프랑스 낭만주의를 대표하는 화가. 대표작 〈민중을 이끄는 자유의 여신〉은 왕정 복고에 반대해 봉기한 시민들을 그려냈다. #외젠○○○○○

5. 공사나 수리를 할 때 사람이 지하로 드나들 수 있도록 만들어놓은 구멍. 둥근 모양이 많지만 사각형도 있다. #○○뚜껑 #박지리의소설 #KBS드라마

6. 1996년 출시된 어드벤처게임으로, 여자 주인공 라라 크로프트의 모험이 주 내용이다. 2001년 안젤리나 졸리 주연의 영화가 만들어졌고, 2018년에는 알리시아 비칸데르가 주연을 맡아 리부트판이 제작되기도 했다.

7. 낙지를 고추냉이소스에 절여 만든 일본요리. 이름과 달리 문어는 들어 있지 않다.

8. 끝까지 읽은 사람은 많지 않아도 첫 문장은 잘 알려진 소설. "행복한 가정은 모두 비슷한 이유로 행복하지만 불행한 가정은 저마다의 이유로 불행하다." #레프톨스토이

9. '○○'4=2, '○○'9=3, '○○'16=4, '○○'100=10. #거듭제곱근

10. 길에 좌판을 깔고 사람들을 모은 뒤 그럴듯하게 속여 돈을 갈취하는 행위를 일컫는 말. 컵 속에 구슬을 숨겨놓고 뒤섞은 뒤 돈을 걸어 맞춰보라는 방식이 가장 대표적이다. #○○○꾼 #돈놓고돈먹기 #바람잡이조심

11. 일본에 지브리가 있다면 미국에는 ○○가 있다! 미국의 대표적인 애니메이션 스튜디오. 1991년부터 디즈니와 계약을 맺고 〈토이 스토리〉 〈니모를 찾아서〉 〈월-E〉 〈업〉 〈인사이드 아웃〉 등을 성공시켰다.

12. 자신의 옳지 못함을 부끄러워하고, 남의 옳지 못함을 미워하는 마음. #맹자 #사단

13. 아이 같은 감성과 취향을 지닌 어른을 뜻하는 말. 최근 몇 년간 이들을 겨냥해 장난감, 만화, 과자 등을 마케팅에 활용하는 기업이 늘어났다. #Kid #Adult

14. 경상북도 동남부에 위치한 시. 신라의 수도였기 때문에 불국사, 석굴암 등 수많은 문화재가 많이 남아 있다. #서라벌 #천년의고도

15. 본명 피터 진 에르난데스. 'Just the way you are' 'When I was your man' 'That's what I like' 등의 히트곡이 있고, 마크 론슨의 싱글 'Uptown funk'에 참여해 빌보드 14주 연속 1위를 기록했다.

1. 배우자가 재혼할 때 데리고 들어온 아들.

2. 신라 헌강왕 때의 인물이자 설화 속 주인공. "서라벌 밝은 달 아래 밤늦게까지 놀다가 / 집에 들어와 잠자리를 보니 다리가 넷이어라 / 둘은 내 아내 것인데 둘은 누구 것인고?" #○○가

3. 매달 월급을 받는 노동자를 가리키는 말로, '자영업자' '프리랜서' 등과 구별된다. 한국말로는 '월급쟁이'다.

4. 음악에 맞춰 춤추듯 헤엄치면서 표현의 아름다움과 기술을 겨루는 수영 경기. 1984년 LA 올림픽에서 정식 종목으로 채택됐다. #싱크로나이즈드스위밍

5. ①'스타크래프트' 싱글 플레이 때 미네랄과 가스를 각각 10,000씩 얻을 수 있는 치트키. ②2012년 처음 시작된 Mnet의 음악 예능 프로그램. 시즌별로 로꼬, 소

정답 : 107쪽

울다이브, 바비, 베이식, 비와이, 행주가 우승을 차지했다. #보여줄테니○○○○○

6. 범죄드라마나 탐정소설에 자주 등장하는 물질. 피 속에 들어 있는 헤모글로빈의 철과 반응하면 푸른색을 띠기 때문에 폭행, 살인 등의 범죄가 의심되는 곳에서 수사관들이 혈흔 감식을 위해 활용한다. #○○○반응

7. 일반적으로 인간이나 동물을 대량으로 죽이는 행위를 총칭하지만, 보통 제2차 세계대전 중 나치 독일의 유대인 학살을 뜻한다.

8. 육개장, 비빔밥, 명절 때 쓰는 나물무침에 좀처럼 빠지지 않고 쓰이는 채소. 작고 고운 손을 강조할 때 이것에 비유하기도 한다.

9. 2015년 4월 11일 만들어진 웹사이트. 자유롭게 항목의 작성과 수정이 가능하다는 장점이 있지만, 편향된 편집 방향 때문에 비판도 받는다.

10. 일본 규슈 지방의 항구도시. 부산과 자매결연을 맺고 있고, 여행지로도 자주 찾는 곳이지만 역시 가장 유명

한 것은 담백한 맛이 특징인 짬뽕.

11. '색즉시공 공즉시색'과 '아제아제 바라아제'가 포함된 불교 경전. #마하반야바라밀다심경

12. 1930년대에 루마니아계 유대인이 처음으로 발명한 보드게임. 할리갈리, 젠가와 함께 '보드게임 3대장'이라 할 만하다. 빨강·파랑·검정·주황 / 106개의 타일 / 1부터 13까지 / 조커는 2개 / 먼저 손 터는 사람이 위너.

13. '노랭이, 짠돌이, 구두쇠'라는 뜻의 한자어. #한번손에 들어간돈은도무지쓰지않는놈

14. 2006년 정식 서비스를 시작한 소셜 네트워크 서비스. 페이스북, 인스타그램과 함께 가장 대표적인 SNS로 꼽힌다. 맨체스터 유나이티드의 전성기를 이끌었던 알렉스 퍼거슨 감독은 이런 말을 남겼다. "○○○는 인생의 낭비다." #리트윗 #140자

15. '사서삼경'에서 《시경》《서경》과 함께 '삼경'에 속하는 유교의 기본 경전.

7

가로 열쇠

1. 미스터리 전문 격월간 잡지. '미스터리를 광적으로 좋아하는 사람'이라는 뜻의 구어를 제호로 사용했다. #엘릭시르 #김용언

2. 네이버웹툰 연재작. 2014년 '오늘의 우리만화상'을 받았으며 김고은 주연의 드라마로, 오연서 주연의 영화로 제작됐으며 박해진은 두 작품 모두에서 남자 주인공 '유정'을 연기했다. #순끼

3. '상위 20%의 사람들이 전체 부의 80%를 가지고 있다'는 소득분포 법칙을 제안한 이탈리아 경제학자의 이름을 따서 '○○○ 법칙'이라 불린다. #빌프레도○○○

4. 미국 드라마 〈워킹 데드〉에서 '글렌 리' 역으로 이름을 알린 한국계 미국인 배우. 봉준호 감독의 영화 〈옥자〉에 출연했으며, 이창동 감독의 영화 〈버닝〉에서 유아인, 전종서와 함께 호흡을 맞췄다.

5. 조선 숙종 때 서포 김만중이 쓴 한글 소설. 당시 김만중은 숙종이 인현왕후를 폐위하고 장희빈을 왕비로 맞아들이는 데 반대하다가 유배된 처지였다.

6. '겉옷 상의의 앞자락'을 뜻하는 순우리말.

7. 강원도 속초시 설악동 소공원에 위치한 아름다운 폭포. 물줄기 길이가 길어 용이 물줄기를 타고 승천하는 듯한 느낌을 준다. #외설악

8. 소를 따로 넣지 않고 구워 만든 영국의 전통 빵. 맛이 담백하지만 심심해서 잼이나 크림 등을 발라 먹는 경우가 많다.

9. "임금님 귀는 당나귀 귀!"를 외칠 수 있는 유일한 곳. #경복궁옆○○○○ #직장옆○○○○

10. 사람이 죽어서 저승으로 갈 때 건너는 강을 말한다. 이승과 저승을 나누는 경계선으로도 알려져 있다. 기독교의 '요단강'과 비슷한 의미로 해석된다.

11. 운동선수 출신 연예인. 한때 유재석과 함께 대표 MC로 인기를 누렸던 그는 〈1박 2일〉 하차 이후 좀처럼 페이스를 회복하지 못했으나 최근 〈아는 형님〉〈신서유기〉 등 여러 프로그램에 출연하고 있다. #무릎팍도사

12. '시간과 돈이 있다면 넌 뭘 하고 싶니?'라는 대답에 한국 사람들이 가장 많이 하는 대답 중 하나. #세계○○

13. 초자연적인 존재와 직접적으로 소통하는 주술사를 중심으로 하는 종교 현상. 한국에서는 성별에 따라 주술사를 '박수'나 '무당'으로 부른다. #최순실게이트때 #잠시유명해졌던단어 #○○○○이무슨죄

14. 타인과 의사소통이 원활하지 못하고 정서적인 유대감도 느끼지 않는 등 '자신의 세계에 갇혀 지내는 것 같은 상태'에 놓여 있는 발달장애의 일종. 보통 정신지체, 언어장애 등이 동반되는 경우가 많다.

15. 임진왜란을 일으킨 일본의 정치가로, 한국인 입장에서는 도저히 좋아할 수 없는 인물. 오다 노부나가에게서 권력을 승계받아 최고 권력자로 군림했으나 지지 기반을 충분히 다지지 못해 사후에는 도쿠가와 이에야스에게 권력이 넘어갔다. #풍신수길

세로 열쇠

1. 대표적인 남성 호르몬으로, 남성의 2차 성징이 발현되고 생식기가 발달하는 데 관여한다. 남성의 고환에서 생성되며, 자신감 형성에 기여하고 성욕을 증가시킨다.

2. 상부의 무게를 견디기 위해 돌이나 벽돌 등을 곡선 모양으로 쌓아 올린 건축 구조.

3. 짧은 화살을 던져 과녁에 맞추는 경기. 과거 오랜 전쟁에 지친 영국의 병사들이 술통 뚜껑을 벽에 걸어놓고 부러진 화살촉을 던져 내기를 한 데서 유래했다.

4. 스크류바만큼 대표적인 '배배 꼬인 간식'. 1972년 농심에서 출시되어 긴 역사를 자랑한다. '국산 아카시아꿀'을 사용했다고 한다. 얼마나 들어갔을지는 모르겠지만.

5. 혼자 먹을 때도 늘 두 쪽으로 갈라 먹었던 아이스크림. 난 왜 혼자 먹는 법을 몰랐을까.

정답 : 107쪽

6. '울타리가 쳐진 곳'이라는 뜻의 페르시아어에서 유래한 말로, 보통 '천국' '낙원'을 뜻한다. "Almost ○○○○ ○~ 태양보다 더 눈부신~"

7. 서로 다른 뿌리에서 나온 가지가 엉켜 마치 한 나무처럼 자라는 현상. 흔히 연인이나 부부의 사이가 좋을 때 이것에 비유한다. #엉킨대어머

8. 1936년 베를린 올림픽 마라톤에 출전해 동메달을 수상한 한국 선수. 당시 금메달을 딴 손기정 선수에 비해 덜 알려져 있지만, 그 역시 일장기를 달고 출전할 수밖에 없었던 한국 선수였다. 대회 후 "금메달보다 일장기를 가린 월계수 화분이 더 부러웠다."고 말했다.

9. 짙은 안개가 끼어 한 치 앞도 보이지 않는다는 뜻으로, 앞날을 예측하기 힘들 때 사용하는 사자성어. 다섯 ○, 마을 ○, 안개 ○, 가운데 ○.

10. 소설 《칠협오의》를 원작으로 한 중국 드라마. 무협+수사물의 성격을 갖고 있으며, 한국에서 '신드롬'에 가까운 인기를 누렸다. #판관○○○ #개작두를대령하라

11. 엄마의 엄마.

12. 조선 후기 김정호가 그려낸 한반도. 지금의 지도와 윤곽을 비교해도 큰 차이가 발견되지 않을 정도로 정교하다. 도로를 뜻하는 선상에 10리마다 점을 찍어 실제 거리를 계산할 수 있게 한 것이 특징이다.

13. 2000년 출시된 온라인 축구게임. 상대 선수를 걷어차거나 방귀로 기절시켜 공을 뺏는 등, 정식 축구보다는 액션게임에 가까웠다. #아담소프트

14. 2010년 창립된 중국의 전자제품 제조회사. 선입견과 달리 뛰어난 품질을 자랑해 '대륙의 실수'라고 불려왔고, 특히 가성비가 뛰어나 보조배터리 같은 경우 국내에서 큰 인기를 얻었다.

15. 오후 11시 반부터 오전 0시 반까지를 가리키는 옛말로 현대에는 거의 쓰지 않고, 사극에서 주로 들을 수 있다. "너는 어제 ○○에 어디서 무얼 하고 있었느냐?"

8

가로 열쇠

1. 영국의 경제학자 토머스 ○○○이 주장한 경제 법칙으로, '가치가 낮은 것이 가치가 높은 것을 몰아내는 현상'을 뜻한다. #악화가양화를구축한다
2. 강아지에게 빵을 줬더니 강아지가 물었다. "팥 들었슈?" #플란다스의개
3. 스포르팅 리스본, 맨체스터 유나이티드, 레알 마드리드를 거쳐 유벤투스에서 뛰고 있는 포르투갈 국적의 축구선수. #우리형
4. 언론사가 인터넷 기사를 업로드할 때, 자극적으로 제목이나 내용을 바꿔가며 클릭을 유도하는 행위로, '오용, 남용'을 뜻하는 영어 단어에서 파생된 말. 기사의 질을 떨어뜨릴 뿐 아니라 고인이 된 연예인의 비키니 사진을 게재하는 등 윤리적 문제로 비판을 받고 있다.
5. 유기염소 화합물. 소량만 흡수해도 인체에 축적돼 치명적인 결과를 낳을 수 있기 때문에 1급 발암물질로 분류된다.
6. 구글의 모기업 알파벳이 자율주행차 제조를 위해 설립한 기업.
7. 《삼국지연의》《서유기》와 함께 중국의 대표 고전소설로 꼽히는 작품. 수령 '송강'을 중심으로 108명의 호걸들이 권력자들의 부패에 저항하는 모습이 담겼다. #WaterMargin
8. 외톨이, 센 척하는 겁쟁이, 못된 양아치, 상처뿐인 머저리, 더러운 쓰레기. #언제부턴가난사람들의시선을두려워만해
9. 한 생물이 가지는 모든 유전 정보를 뜻하는 말로, '유전자'와 '염색체'를 뜻하는 영어 단어를 합쳐 만들어진 단어. #○○프로젝트
10. Fitch, S&P와 함께 세계 3대 신용평가 회사로 불리는 미국 기업. 장기신용등급은 C에서 Aaa까지, 단기신용등급은 NP에서 P-1까지 등급을 나눠 평가한다.
11. 팀워크가 중요한 동계올림픽 종목 중 하나. 3명이 한 팀을 이뤄 서로 앞서거니 뒤서거니 하며 공기 저항을 줄이는 것이 관건이다. #스피드스케이팅
12. 알제리와 이집트 사이에 위치한 아프리카 국가. 무아마르 카다피가 독재자로서 오랫동안 군림했으나, 2011년 재스민혁명 당시 내전이 발발해 카다피를 몰아내고 임시정부가 들어섰다. #트리폴리
13. 가방과 같이 비교적 가벼운 장치에 엔진을 부착해 비행하는 1인용 장비. 이것이 개발되면 아이언맨처럼 맨몸(사실상 맨몸은 아니지만)으로 하늘을 날 수 있다.
14. 프랑스의 군인이자 정치가. 제1차, 제2차 세계대전에 참전했고, 이후엔 프랑스 제5공화국의 대통령으로 취임한 뒤 알제리전쟁을 평화적으로 해결했다. "프랑스는 전투에서 졌습니다. 하지만 전쟁에서 지지는 않았습니다." #샤를앙드레조제프마리○○ #○○공항
15. 2002년 한일 월드컵 독일과의 4강전-"꿈★은 이루어진다" / 2018년 우루과이와의 평가전-"꿈★은 이어진다" #CU@K리그 #단합력

세로 열쇠

1. 신축성 있는 소재로 만들어 하체를 감싸는 타이즈 타입의 하의를 가리키는 말. 치마나 롱티셔츠에 받쳐 입는 경우가 많다. #손나은 #아디다스
2. 전쟁이나 학살처럼 비극적인 역사의 현장이나, 심각한 자연재해가 일어났던 곳을 돌아보며 교훈을 얻기 위해 여행하는 것을 가리키는 말. 폴란드 아우슈비츠 수용소, 캄보디아의 킬링필드 유적지, 서대문 형무소 역사관 등이 대표적이다.
3. 포르투갈 리스본에서 처음 만들어진 전통음악 장르. 음악과 시가 결합된 것이 특징으로, 포르투갈 기타와 솔로 가수의 목소리가 어우러진다. 유네스코 인류무형문화유산으로 등재되어 있다.

정답 : 107쪽

4. 1997년 방영된 국산 애니메이션. 당시 최대 제작비가 투입되었으며 '넥스트'가 OST에 참여해 'OOO, Save us' 같은 곡이 사랑받기도 했다. #영혼기병OOO

5. 유네스코 인류무형문화유산에 등재된 한국의 전통민요. #십리도못가서발병난다

6. 〈시간을 달리는 소녀〉 〈늑대 아이〉 〈괴물의 아이〉 〈미래의 미라이〉 등을 연출한 일본인 애니메이션 감독.

7. 조선 중기의 문신 류성룡이 임진왜란 동안 경험한 사실을 기록한 책. 책 이름은 "내가 지난 잘못을 징계하여 후환을 경계한다."는 구절에서 따왔다. #국보132호

8. ①외떡잎식물 벼목 화본과의 한해살이풀. ②pooq, tving과 같은 VOD 시청 플랫폼. ③사람의 치아를 비유적으로 이르는 말. "OOO 털리고 싶니?"

9. 실제로 아무 사업도 하지 않으면서 나중에 투자한 사람의 돈으로 먼저 투자한 사람에게 원금과 이자를 갚아 나가는 일종의 금융 피라미드 사기 수법.

10. 2016년 HBO에서 방영된 SF 드라마. 과학이 발달한 미래에 인공지능 로봇들로 채워진 테마파크 'OOOOO'에서 일어나는 사건을 그려냈다.

11. '나날의 간행물'을 뜻하는 라틴어 'diurna'에서 유래한 용어로, 신문이나 잡지를 통해 시사 정보와 의견을 대중에게 전달하는 활동을 가리키는 말. 최근 들어 '출판 OOOO' '영화 OOOO' 등 그 뜻이 확대되어 사용되고 있다.

12. 16세기 초에서 19세기 중반까지 인도 지역을 통치한 이슬람 왕조. 1857년 영국에 의해 멸망했다.

13. '스타크래프트'에서 마린과 파이어뱃의 이동과 공격 속도를 일시적으로 높이는 테크닉. 사용할 때마다 체력이 떨어지기 때문에, 메딕과 함께 있을 때 더욱 유용하다.

14. 땅콩, 호두와 함께 견과류 하면 가장 먼저 떠오르는 것. 불포화지방산과 비타민 E가 풍부해 건강에 좋다고 한다.

15. 척추와 양다리를 이어주는 신체 부위. 성기, 분비기관, 소화기관 등을 보호하는 동시에 몸을 떠받친다.

9

가로 열쇠

1. 광고인 박웅현이 2011년 출간한 베스트셀러. '얼어붙은 감수성을 깨는' 도구로 책을 활용해야 한다는 저자의 생각이 담겨 있다. #북하우스 #인문학으로광고하다

2. 천문학자 칼 세이건의 대표 저서이자 다큐멘터리 제목. 출간된 지 30년이 넘었지만, 여전히 대중들이 천문학을 이해하는 데 크게 기여하고 있다. 유시민 작가는 tvN 〈알쓸신잡〉에서 무인도에 가져갈 단 한 권의 책으로 이 책을 꼽기도 했다.

3. 직접적으로 생산 활동에 참여하지는 않지만 원활한 경제 활동을 위해 꼭 필요한 사회기반시설. 항만, 도로, 철도, 전기 등이 여기에 포함된다. #허구연 #사회간접자본 #○○○스트럭처

4. 〈쇼미더머니〉 시즌 5 우승자. 'Forever' 'Day Day' 등 완성도 높은 무대를 연이어 선보이며 신드롬을 일으켰다. #압압압

5. "20XX년 상반기 공채에 지원해주셔서 감사합니다. 귀하의 뛰어난 능력에도 불구하고….." #뛰어난데왜붙질못하니

6. 매우 바빠 정신이 없는 중에 잠시 찾아오는 한가로운 때.

7. 본래 가톨릭교에서 교리에 대한 굳건한 믿음을 뜻했으나 최근에는 너무 경직된 믿음, 고집과 같이 부정적인 맥락에서 사용되는 단어. #교조주의

8. 수나라의 뒤를 이어 618년부터 907년까지 유지된 중국의 통일 왕조. 신라와 함께 고구려, 백제와 맞서 싸우며 신라가 삼국통일을 하는 데 힘을 보탰다. 정확한 유래는 알 수 없으나, 군기 빠진 집단을 '○○○ 군대'라 부르기도 한다.

9. 정식 명칭은 국제형사경찰기구(International Criminal Police Organization : ICPO). 1956년 세계 각국의 경찰들이 상호협력해 외국으로 도주하는 범죄자를 체포하기 위해 만든 조직. 프랑스 리옹에 본부를 두고 있으며 한국은 1964년 가입했다.

10. 2000년대 한국의 4대 보컬로 꼽히는 '김나박이' 중 '나'. #우리의믿음 #우리의사랑 #우리의만남 #우리의이별 #브아솔

11. ①도르트문트 소속의 독일 축구선수. #마르코○○○ ②일본의 고급 초콜릿 브랜드. 공항 면세점에서 선물용으로 많이 판매된다. #말차 #샴페인

12. 가장 대중적인 크림소스 기반의 파스타. 베이컨, 계란 노른자, 치즈 등을 넣어 걸쭉하게 만든다.

13. 1959년 프랑스에 설립된 사립 경영대학원. 특정 국가 출신이 10%를 넘을 수 없다는 규정 때문에 학생들의 출신 국가가 다양하고, 그래서 '작은 UN'이라는 별칭을 갖고 있다.

14. 유선 케이블을 연결하지 않고 가까운 거리에 있는 휴대기기끼리 연결하는 기술. #에어팟 #○○○○너마저

15. '눈 뜨고 보기 힘든 상황'을 가리키는 사자성어. 눈 ○, 아니 ○, 참을 ○, 볼 ○.

세로 열쇠

1. 1세대 아이돌 젝스키스의 리더이자 1세대 리얼 버라이어티 〈1박 2일〉과 최근 가장 인기 있는 〈신서유기〉의 주축 멤버.

2. 〈킬미 힐미〉∩《지킬박사와 하이드》∩〈23 아이덴티티〉∩《빌리 밀리건》

3. 강력한 독을 지닌 독사지만 인도에서는 한낱 구경거리. #피리밖에모르는바보

4. ①요세미티-엘 캐피탄-시에라-하이 시에라-? ②미국 캘리포니아에서 시작해 콜로라도까지 뻗어 있는 사막. 네바다, 애리조나, 유타 등에 걸쳐 있다. ③기아자동차가 2007년부터 생산하기 시작한 준대형 SUV.

5. 이 영화를 본 한 관객은 이런 평을 남겼다. "정상이 비

정답 : 108쪽

정상을 치유하는 게 아니라, 비정상이 비정상을 치유한다." #박찬욱 #신세계정신병원

6. 작곡가 현제명의 대표작. "배를 저어가자 험한 바다물결 건너 저편 언덕에 / 산천 경계 좋고 바람 시원한 곳 ○○○ ○○○" #자유평등평화행복가득한곳

7. ①떼 지어 몰려다니며 사람들을 괴롭히고 재물을 빼앗는 무리. ②가리온, 피타입, 넋업샨, 션이슬로우 등 한국 힙합 초창기의 굵직한 멤버들이 결성했던 크루. ③2017년 개봉한 설경구, 임시완 주연의 누아르영화. 흥행에는 실패했지만 수많은 마니아를 양산했다.

8. 손오공의 라이벌, 부르마의 남편, 트랭크스의 아빠.

9. 형사 사건이 일어났을 때 경찰이 현장 보존, 주민 안전 등의 이유로 사건 현장 주위에 설치하는 선.

10. ①이것은 무엇입니까? = 왓 이즈 ○○? ②1994년 처음 출시된 이후 저렴한 가격 덕에 오랫동안 사랑을 받아온 담배 브랜드. ③개코 vs 이센스, 스윙스 vs 쌈디, 저스디스 vs 딥플로우, 산이 vs 비프리.

11. "(전략) 사랑한다는 것과 완전히 무너진다는 것이 같은 말이었을 때 솔직히 말하자면 아프지 않고 멀쩡한 생을 남몰래 흠모했을 때 그러니까 말하자면 너무너무 살고 싶어서 그냥 콱 죽어버리고 싶었을 때 그때 꽃피는 푸르른 봄이라는 일생에 단 한 번뿐이라는 청춘이라는…" #청춘 #슬픔이없는십오초

12. 그리스 신화에 등장하는 인물. 새의 깃털로 날개를 만들어 몸에 붙이고 하늘 높이 날아가다가 태양에 너무 가까이 가 날개를 붙인 밀랍이 녹아버렸다. 결국 에게해에 떨어져 죽었다. #○○○○의날개

13. National Association of Securities Dealers Automated Quotations. 1971년 2월 8일 첫 거래가 시작된 뉴욕 월가의 주식시장.

14. 한국의 진돗개, 일본의 ○○○. #댕댕콘

15. 주로 정물화나 사람의 인체를 그릴 때 자주 활용하는 회화 기법으로, 펜이나 연필로 선을 그리고 간단한 명암과 색칠하는 것까지 포함한다. #소묘 #스케치

10

가로 열쇠

1. 영화 〈곡성〉에서 '효진이'를 연기했던 배우 김환희가 했던 인상적인 대사. 이 장면의 임팩트가 커서인지 한동안 유행어가 되기도 했다. #중요한건무엇입니까

2. 첫째는 짚, 둘째는 나무, 셋째는 벽돌. #동화

3. 죽은 사람의 나이를 이르는 말. 예능 프로그램 제작진이 출연진을 소개하며 '○○ 19세'와 같은 자막을 내보내 비난을 받기도 했다.

4. 타이완＝中華民國＝Republic of China＝？

5. 종로5가 사거리에서 혜화동 로터리에 이르는 문화예술의 거리를 일컫는 말. #가톨릭대 #상명대 #서울대 #성균관대 #한성대 #홍익대 #동덕여대

6. 우리 몸속의 적혈구가 부족한 현상. 보통 '어지럼증'으로 많이 나타나고, 철분 보충제를 먹거나 철분 함량이 높은 음식을 먹어 예방할 수 있다.

7. 일본 여행객은 물론 해외 직구족들의 필수 아이템. 110볼트 플러그와 220볼트 콘센트, 220볼트 플러그와 110볼트 콘센트를 연결하기 위해 꼭 필요하다. 정식 명칭은 변환 어댑터, 플러그 어댑터이지만 보통 이것의 생김새를 따 '○○○'라고 부른다. #콩콩

8. 유교의 기본 경전 7종류를 뜻하는 말로, 《대학》《논어》《맹자》《중용》《시경》《서경》《주역》을 가리킨다.

9. 에스프레소＋우유＋바닐라아이스크림＋얼음. #커피프라페 #스타벅스 #자바칩

10. 꽃보다 아름다워, 디어 마이 프렌즈, 나의 아저씨.

11. 지금 풀고 있는 이 퍼즐만 한 크기의 ○○○을 만들려면, 1부터 144까지의 수를 각 칸에 넣되 가로, 세로, 대각선의 합이 같도록 배열해야 한다. #뿌리깊은나무 #이도 #거북이등껍질

12. 한반도의 가장 크고 긴 산줄기로, 백두산에서 시작해 금강산, 설악산, 태백산, 소백산 등을 거쳐 지리산까지 이어진다.

13. '언제 어디에나 존재한다'는 뜻의 라틴어에서 유래한 IT 용어로, 생활공간의 모든 기기를 연결해 인간의 요구를 극대화하려는 정보기술혁명. #사물인터넷

14. 《향수》를 쓴 작가 파트리크 쥐스킨트의 또 다른 대표작. 한 소년의 눈에 비친 이웃 사람의 별난 인생을 동화처럼 그려냈다.

15. 충남 서산시에 위치한 절. 이 절은 지난 2012년 국내 절도단이 일본 쓰시마섬의 절 '관음사'에서 훔쳐온 금동관세음보살좌상의 원소유자를 자처하며 돌려줄 것을 요구해왔다. 14세기에 자주 출몰했던 왜구가 ○○○에서 제작된 불상을 약탈해갔으니 돌려받아야 한다는 주장이다. 이에 법원은 "불상이 ○○○ 소유로 넉넉히 인정된다고 추정된다."며 "역사·종교적 가치를 고려할 때 불상 점유자는 원고인 ○○○에 인도할 의무가 있다."는 판결을 내렸다.

세로 열쇠

1. 오랫동안 '병맛웹툰'으로 사랑받고 있는 웹툰작가. 본명은 이병건이지만 ○○○이라는 예명을 사용한다. #와장창 #하하하개판이네

2. 블리자드 엔터테인먼트가 1996년 출시한 액션 롤플레잉 게임 시리즈. 특히 2000년 발매한 '○○○○ 2'가 상업적으로 큰 성공을 거뒀다. #바바리안 #어쌔신 #드루이드 #소서리스

3. 워터게이트 사건이 터지고 한창 사임 압력을 받던 리처드 닉슨은 TV에 나와 이렇게 말했다. "저는 사기꾼이 아닙니다." 그 순간 모두가 그를 사기꾼이라고 생각했다. #프레임

4. 고대 중국에서 행한 5가지 형벌 가운데 하나로, 생식기를 훼손하는 끔찍한 형벌이다. 《사기》를 집필한 사마천이 이 형벌을 받은 것으로 알려져 있다. #내가고자라니

5. 아기가 태어난 후 탯줄에서 나온 혈액. 이것에는 조혈

정답 : 108쪽

모세포, 간엽줄기세포가 풍부하게 들어 있어 의료 연구에 활용된다. 그런데 지난 2016년 차병원에서 미용 목적으로 이것을 오너 일가에게 투여했다는 의혹을 받고 있다. #연구하라고기증했더니 #불법시술이웬말이냐

6. Academic Probation. 대학이 정한 기준 이하의 학점을 받을 경우 내리는 경고. 학교에 따라 2~3회를 받을 경우 자동으로 제적 처리된다. #얼마든지당신의얘기가 될수있습니다

7. '좋은 일이 성사되기 위해서는 많은 장애물이 나타나기 마련이다'라는 뜻의 사자성어. 좋을 ○, 일 ○, 많을 ○, 마귀 ○.

8. 물속에서 호흡할 수 있게 도와주는 간단한 장비를 이용해 수중 관광을 즐기는 레저 스포츠. 잠수 기술이나 수영 실력 없이도 쉽게 배울 수 있다.

9. 조선시대에 소고기, 돼지고기 등을 끊어 팔던 곳을 이르는 말. 현대에 와서는 '정육점' 또는 '식육점'이라는 말을 사용한다.

10. "○○, 치통, 생리통엔 맞다, 게보린!"

11. 구타, 가혹행위만큼이나 심각한 대한민국 군대의 병폐.

12. 경기도 양평군 양수리에 위치한 자연명소. 두 물줄기가 만나는 곳으로, 서울 근교 데이트코스를 찾는 커플들이 많이 온다. #북한강 #남한강

13. 1월은 가넷, 2월은 자수정, 3월은 아쿠아마린, 4월은 다이아몬드, 5월은 에메랄드, 6월은 진주, 7월은 루비, 8월은 페리도트, 9월은 사파이어, 10월은 오팔, 11월은 토파즈, 12월은?

14. 1년에 두 번 한 경작지에 두 종류의 작물을 재배하는 농법. #양쯔강

15. FC 서울-셀틱 FC-스완지 시티-선덜랜드-스완지 시티-뉴캐슬 유나이티드를 거치며 활약 중인 대한민국 축구선수로, 박지성 은퇴 이후 한국 국가대표팀의 주장을 맡았다. 정확도 높은 패스가 강점. #리더는묵직해야한다 #답답하면니들이뛰든지

11

1. 한강 다리에서 투신 사고를 예방하기 위해 시작한 '자살 예방사업'의 일환. 다리 난간에는 따뜻한 응원 문구가 적혀 있고 사람이 걸어가면 조명이 켜진다. 그후로 이곳은 '○○○ ○○'라 불려왔지만 '사람들이 자살하는 장소'라는 인식만 키워 오히려 투신 사고가 늘어났다고…. #오늘하루어땠어 #바람참좋다

2. 국내 최대 규모의 인터넷 중고거래 커뮤니티. ①오늘도 평화로운 ○○○○. ②네고 없음. ③팔렸나요?

3. 2005년 MBC에서 방영된 드라마 〈내 이름은 ○○○〉. 전문 파티시에로서 당당하게 살아가는 여자주인공을 배우 김선아가 훌륭히 연기해내며 그해 최고의 드라마라는 평가를 받았다. #숨겨왔던나의수줍은마음모두네게줄게

4. 메이저리그에서 9년간 뛰는 동안 타율이 2할1푼5리에 그쳤으나 뛰어난 수비력을 갖췄던 유격수. 이후 타율이 2할 언저리에서 맴도는 타자를 가리켜 '○○○ 라인'에도 못 미친다고 말하게 되었다. #마리오○○○

5. 예언자 무함마드의 뒤를 이어 공동체를 통치하는 이슬람 제국의 최고 통치자를 가리키는 말.

6. 영화나 드라마 등에서 작품이 전개되는 동안 밝혀지지 않았던 사실이 결말부에 드러나며 관객들에게 놀라움을 선사하는 장치. #절름발이 #식스센스

7. 2015년 11월 30일부터 12월 12일까지 진행된 '제21차 기후변화협정 당사국총회'에서 채택한 협약. 2020년 이후 적용되는 것으로, 선진국에게만 온실가스 감축 의무를 줬던 교토의정서와 달리 협정에 참여한 195개 당사국 모두가 감축 목표를 지켜야 한다.

8. 영국 작가 토머스 하디가 1891년 출간한 고전소설. 한 남자를 만난 뒤로 끔찍한 몰락을 겪게 되는 주인공 '○○ 더버필드'의 일생을 그려냈다.

9. 관우의 청룡언월도, 여포의 방천화극, 장비의 ○○○○.

10. 일본의 도박 게임으로, 게임할 때 나는 소리에서 그 이름이 유래했다. 보통 'ㅃㅉㄲ'로 불리는 경우가 많다.

11. 무리로부터 소외되어 처량한 신세가 된 상황을 비유적으로 일컫는 말. #낙동강○○○

12. 쿠바의 대표 칵테일로, 광산 이름을 땄다. 헤밍웨이가 즐겼던 칵테일로도 유명하다. #럼 #라임 #설탕

13. 〈응답하라 1988〉에서 덕선이가 서울 올림픽 개막식 피켓걸을 맡은 국가. #수도는안타나나리보

14. 기업이 급여 개념으로 직원들에게 지급하는 것으로, 직원들은 일정 한도 내의 회사 주식을 시세보다 훨씬 낮은 가격으로 사서 일정 기간이 지나면 임의대로 처분할 수 있다.

15. 1947년 창간된 독일을 대표하는 중도좌파 성향의 시사주간지. 권력의 부정부패를 파헤치며 특종을 쏟아냈지만, 다른 인쇄매체들처럼 인터넷이 발달하면서 부침을 겪고 있다.

1. '이름이 널리 알려지는 데에는 그럴 만한 이유가 있다'는 뜻의 사자성어. 이름 ○, 아닐 ○, 빌 ○, 전할 ○.

2. 허구가 아닌 현실을 직접적으로 다루고 있는 그대로를 전달하는 것에 중점을 두는 영화. #님아그강을건너지마오 #액트오브킬링 #워낭소리 #다이빙벨 #화씨911

3. 매달 11일부터 20일까지를 가리키는 말. "12월 ○○부터 본격적인 추위가 시작될 것으로 보입니다."

4. 영국 BBC에서 방영된 타임슬립 드라마로, 데이비드 보위의 노래에서 제목을 따왔다. 이후 2018년 한국 OCN에서 리메이크해 호평을 받았다.

5. 1995년 6월 29일 오후 최악의 인명피해를 내며 무너진 건물. 참사 이후 부실공사가 원인으로 지목되어 더 큰 충격을 줬다.

6. "부처는 태어나자마자 한 손은 하늘을 가리고, 한 손은

정답 : 108쪽

땅을 가리키며 일곱 발짝 걷고, 사방을 돌아보면서 '천상천하 유아독존'이라 말하면서 ○○○ 같은 소리를 내었다." #Lioncry

7. 학교에서 친구와 싸우거나 야간자율학습을 빼먹는 등 잘못을 저질렀을 때, 본인의 잘못을 스스로 인정하고 뉘우치게 하는 처벌 중 하나. 하지만 실제로 뉘우쳐서 ○○○을 쓰는 경우는 그리 많지 않다.

8. 19세기 후반 프랑스에서 활동한 소설가. 대표작으로는 《여자의 일생》《비곗덩어리》 등이 있다. #GuyDeMaupassant

9. 2002년 데뷔한 후 꾸준히 활동해왔고, 현재 하이라이트 레코즈를 이끌고 있는 힙합 뮤지션. "낮엔 파란 하늘, 별이 보이는 밤 / 기분 좋은 날, 오랜만에 모일까?" #우야야야야 #통통뚱통동공

10. 브라질 리그 산투스, 스페인 프리메라리가 바르셀로나를 거쳐 프랑스 파리 생제르맹에서 활약 중인 브라질 국적의 축구선수. 드리블 실력이 뛰어나지만 할리우드 액션이 심하다는 비판을 받았다. #울보 #한때MSN

11. 타이포그래피 중 하나로, 글자를 아름답게 쓰는 기술. 서예도 이것의 일종이다.

12. ①"Her soul slides away, but don't look back in anger, I heard you say." ②배우 문소리에게 베니스 영화제 신인여우상을 안겨준 영화. ③사막에서 운 좋게 발견할 수 있는 물웅덩이.

13. "더도 말고 덜도 말고 ○○○만 같아라." #명절스트레스는어쩌고

14. 충격적이고 대책 없는 도입부로 시작하는 앤디 위어의 SF소설. "아무래도 좆됐다. 그것이 내가 심사숙고 끝에 내린 결론이다. 나는 좆됐다." #화성에서온남자 #화성으로간남자

15. 나무상자 모양의 타악기. 페루, 쿠바 등 남아메리카 지역에서 처음 만들어졌다. 보통 이 악기 위에 앉아 연주하는 경우가 많다.

12

가로 열쇠

1. 5·18 광주민주화운동을 상징하는 노래. "사랑도 명예도 이름도 남김없이 / 한평생 나가자던 뜨거운 맹세 / 동지는 간데없고 깃발만 나부껴 / 새날이 올때까지 흔들리지 말자"

2. "존재하는 모든 것은 아무 이유 없이 태어나서, 연약함 속에 존재감을 이어가다가 우연하게 죽는다." #장폴사르트르

3. 2016년 대선 당시 민주당 경선 후보로 출마했던 정치인. 자칭 민주사회주의자(Democratic socialist)로, 미국 역사상 가장 오랫동안 무소속으로 연방 의원을 지낸 정치인이다. 50년 넘게 사회적 약자들을 대변해왔다는 사실이 호응을 얻어 돌풍을 일으켰지만 힐러리 클린턴 후보에게 패했다. "I believe we should break up the big Wall Street banks. If they're too big to fail, they're too big to exist."

4. 정성호 → 김상중 / 조세호 → 휘성 / 정용화 → 박영규 / 뮤지 → 조용필 / 권혁수 → 유해진.

5. "제가 초면에 이런 말해서 좀 이상하게 생각되시겠지만... 사실 저 원래 이런 사람 아니거든요. 그쪽 분이 마음에 들어서 그러는데 ○○○ 좀 받을 수 있을까요?"

6. 〈초속 5cm〉-〈별을 쫓는 아이 : 아가르타의 전설〉-〈언어의 정원〉-[가로 7번 열쇳말]

7. 2017년 1월 국내에서 개봉해 애니메이션으로서는 이례적으로 300만 명 넘는 관객수를 기록했던 영화. #타키 #미츠하 #무스비

8. 술과 술을 섞기도 하고, 맛을 내는 다양한 첨가물을 섞어 만드는 혼합주를 이르는 말. #피나콜라다 #블랙마티니 #스크루드라이버 #코스모폴리탄 #화이트러시안

9. '사정과 형편에 알맞게 그 자리에서 일을 처리하다'라는 뜻의 사자성어.

10. 예절학교 청림서당이 있는 경상남도 하동의 한 마을. #전통예절의아이콘

11. 가수 이애란의 히트곡으로 '차트 역주행'의 이례적인 사례. 원래 제목은 '저 세상이 부르면' #못간다고전해라

12. 제15~17대 국회의원, 제32~33대 경기도지사, 국회 민생정치연구회 회장 등 화려한 이력을 지녔으나 젊은 층에게는 소방서에 전화를 걸어 관등성명을 밝히라고 요구한 음성 파일로 더 유명한 정치인. #내가도지산데

13. ①껍질은 단단하지만 속에 달콤한 열매를 품고 있는 열대과일. ②댄스 그룹 이글파이브 출신이지만, 이후 솔로로 데뷔해 '사랑해 이 말밖엔…'이란 히트곡을 냈던 가수.

14. 피곤하거나 지루할 때 ○○을 하게 된다. ○○은 전염되기 때문에 옆 사람이 하면 나도 같이 하게 된다. ○○을 하면 눈물이 난다.

15. 국제보건기구(WHO)가 국제질병코드로 등록하기 위해 2019년 5월 총회 때 정식 논의하기로 합의한 건강문제. 일상생활보다 ○○을 우선시하는 증상이 최소 12개월 이상 일어날 때 '○○○○'로 분류한다. #ㄱㅇㅈㅇ

세로 열쇠

1. 난 내 세상은 내가 스스로 만들 거야, 똑같은 삶을 강요하지 마. 내 안에서 꿈틀대는 새로운 세계, 난 키워가겠어! #H.O.T.

2. "○○○이 어떤 의미인지 묻는 질문에 3분의 1 이상이 '인격'이라고 답했고, ○○○을 가장 잘 정의하는 단어로는 61%가 '진실한 것'(genuine)을 꼽았다." -《○○○이라는 거짓말》中

3. 나무 탁자 가운데 네트를 놓고 작은 공을 쳐서 넘기는 스포츠. 공이 작고 움직임의 폭이 크지 않아 간단해 보이지만, 뛰어난 반사신경과 집중력이 요구된다. #현정화 #유남규 #유승민 #김경아

4. '벌목꾼'을 뜻하는 영어 단어. 단어 뜻 때문인지 나무를 활용한 카페나 술집에서 이 단어를 상호명으로 사용하는 경우가 많다. #부암동카페

5. 레몬즙을 찬물에 탄 뒤 설탕 등으로 단맛을 내는 음료. 설탕 대신 사이다를 넣어 만드는 경우도 많다.

6. 〈무한도전〉이 성공시킨 프로젝트 중 하나로, 90년대에 활발하게 활동했던 가수들을 한데 모아 관객들의 향수를 불러일으킨다는 콘셉트가 먹혀서, 큰 호응을 얻었다. #보통세글자로줄여부른다

7. IT 기업 '스캐터랩'에서 개발한 애플리케이션으로, 심리학 논문 기반의 연애 관련 콘텐츠를 제공한다.

8. 나영석 PD가 〈1박 2일〉 때 멤버들을 주축으로 새롭게 시작한 여행 버라이어티 프로그램. 처음엔 온라인으로 공개했으나 이후 시즌이 거듭되면서 tvN에서 방영되었고, 송민호, 안재현, 피오 등이 합류했다.

9. ㄱ-기역 / ㄴ-○○ / ㄷ-디귿 / ㄹ-리을 / ㅁ-미음.

10. 자기가 저지른 실수나 잘못에 대해 이유를 대는 행동.

#구차한○○ #○○의여지가없다

11. 한국의 대표적인 겨울철새 중 하나. 수컷의 머리는 녹색을 띤다. #마당을나온암탉 #나그네

12. 부산기념물 제46호. 섬 모양이 다리미를 닮아서 '다리미섬'이라고도 한다.

13. 일본의 대표적인 생활용품 브랜드. 의류, 식품, 문구 등 다양한 제품을 취급하되 간결하고 깔끔한 디자인으로 국내 소비자들에게도 호응을 얻고 있다. #since1980 #MUJI

14. 1973년 설립된 대한민국의 법률사무소로, 국내에서 가장 큰 영향력을 가진 로펌이라는 평가를 받는다. #법률사무소○○○ #김영무 #장수길

15. 옥스퍼드 사전, 영국 출판사 등이 '브렉시트' '트럼피즘' 등과 함께 2016년 올해의 단어로 꼽은 노르웨이말. '받아들이다'라는 뜻처럼 "작은 것에도 감사하고 만족하는 마음, 물질에 얽매이지 않고 단순하게 살며 기쁨을 얻는 생활 태도"를 뜻한다. #○○라이프

13

가로 열쇠

1. "그럴 땐 이 노래를 초콜릿처럼 ○○ ○○○ / 피곤해도 아침 점심 밥 좀 챙겨 먹어요 / 그러면 이따 내가 칭찬해줄게요" #배고플땐이노래를아침사과처럼○○○○○ #그러면이따밤에잠도잘올거예요

2. 직장인이라면 항상 가슴 속에 품고 다니는 것. 이것을 쓰고, 제출하는 이유는 각자 수천 수만 가지가 있겠지만 표면적인 이유는 거의 대부분 '일신상의 이유'다. #직장인의로망 #이거던지고내발로나오기

3. 메밀로 만든 일본의 면요리. 국수를 간장 국물에 담궈 먹는 것이 보통이다.

4. 오스트레일리아 원주민들이 사냥이나 놀이에 사용하던 도구. 권상우가 드라마 〈천국의 계단〉에서 이것을 던지며 외쳤다. "사랑은 돌아오는 거야!"

5. 120년 전통의 세계적인 과일 브랜드. 국내에서는 썬키스트, 미닛메이드와 함께 대표적인 과일주스 브랜드로도 잘 알려져 있다.

6. '보고 들은 것이 적다'는 뜻. "제가 ○○해서 미처 몰랐습니다. 죄송합니다."

7. 음식과 와인을 함께 판매하는 작은 식당을 이르는 말로, 보통 프랑스의 요리를 내놓는 경우가 많다.

8. 〈벨벳 골드마인〉〈프레스티지〉〈배트맨 비긴즈〉〈다크나이트〉〈파이터〉〈아메리칸 허슬〉〈빅쇼트〉 등에 출연한 배우.

9. 2010년대 초반부터 쓰이기 시작한 신조어로, 뒤늦게 (주로 잠들기 직전) 자신의 부끄러운 행동을 떠올리며 후회하는 행동을 뜻한다.

10. 게임에서 자주 쓰이는 용어로, 마법을 사용하는 캐릭터에게 부여된 일정량의 에너지. 이것이 바닥나면 다시 채워질 때까지 마법을 쓰지 못한다.

11. 블락비의 래퍼 지코가 발표한 솔로곡 중 가장 히트한 노래. "이거 봐 욕도 줄이고 있고 바지도 올려 입고 아무한테나 미소 안 보이고 있어" #마음같다면둘은서로가될거야

12. 시사주간지 〈시사인〉이 실시하는 조사에서 10년 넘게 '가장 신뢰하는 언론인' 1위를 차지하고 있는 뉴스 앵커.

13. 14~16세기 서유럽을 중심으로 나타난 문예 부흥 운동. '재생' '부활'이라는 단어 자체의 의미처럼 고대 그리스·로마 문화를 다시 꽃피우겠다는 이상을 갖고, 건축·미술·사상·문학 등 다양한 분야에서 전개되었다. #레오나르도다빈치 #미켈란젤로 #라파엘로

14. 닭·오리 등에서 주로 발생하는 바이러스성 전염병. #avianinfluenza

15. 미국의 다큐멘터리 감독. 총기 소유, 대 테러 전쟁, 의료보험 등 미국 정부의 주요 정책들을 비판하는 영화를 만들어왔다. #볼링포콜럼바인 #다음침공은어디?

세로 열쇠

1. 시민들의 자발적인 모금이나 기부를 통해 자연을 보호하고 문화자산을 지키겠다는 목적으로 1895년 영국에서 처음 설립된 민간단체. 이후 이 운동이 세계로 퍼져나가 국내에도 '한국○○○○○○'가 발족했다.

2. 4컷 만화 《아즈망가 대왕》의 아즈마 키요히코가 2003년부터 연재 중인 만화. 전작과 달리 '어린이의 눈으로 본 특별한 일상'을 담백하게 그려내고 있다. #언제나오늘이가장즐거운날

3. ①1964년 처음 출시된 후 꾸준히 신제품이 생산되고 있는 쉐보레 중형차 브랜드. ②미국 캘리포니아주에 위치한 해안 도시로, 유명인사들이 많이 거주하는 부촌이다.

4. "마주치는 눈빛이 무엇을 말하는지 / 난 아직 몰라 난 정말 몰라 / 아~ 사랑인가봐" #혼자시작하고혼자끝냄

5. 여의나루 – 마포 – 공덕 – 애오개 – 충정로 – ○○○ – 광

정답 : 109쪽

화문-종로3가-을지로4가-동대문역사문화공원-청구. #보라색

6. "Hello, it's me." #19 #21 #25

7. 2016년 그래미 시상식에서 신인상을 수상한 미국 싱어송라이터. 2014년 데뷔곡인 'All about that bass'가 빌보드 차트에서 8주 연속 1위를 차지했다.

8. 2015년 출간되어 베스트셀러가 된 스웨덴 작가 프레드릭 배크만의 장편소설. 이 작품은 이후 롤프 라스가드 주연의 영화로도 만들어졌다.

9. ①에스프레소를 추출할 때 원액 위에 생기는 갈색 빛 크림. ②국내에서 만들어진 e북 단말기 브랜드. #전자책읽어주는남자?여자?

10. 무릎으로 상대를 가격하는 타격기로, 무에타이에서 주로 사용한다.

11. 네팔의 히말라야 중부에 위치한 봉우리들을 이르는 말. 그중에서도 'OOOOO 제1봉'은 세계에서 열 번째로 높은 산이다.

12. 〈1박 2일〉〈꽃보다 할배〉〈삼시세끼〉〈신서유기〉〈신혼일기〉〈윤식당〉〈알아두면 쓸데없는 신비한 잡학사전〉〈숲속의 작은 집〉

13. 〈GQ〉〈아레나〉와 함께 3대 남성지로 꼽히는 잡지. #맥심빼고

14. 원소기호 21번 스칸듐, 39번 이트륨, 57번부터 71번까지의 원소 15개 등 총 17개의 완소를 총칭하는 말. 전기자동차, 풍력발전, 태양열발전 등 21세기형 녹색 성장에 필수적인 물질로 각광받고 있다. 최근 일본 바다 밑에서 1,600만 톤 가량의 OOO가 발견되었고, 북한에도 다량의 OOO가 매장되어 있어 경제협력이 기대된다.

15. 중국의 최대 도시. 인구 2,300만, 서울의 10배 면적. 정치는 베이징, 경제는 OOO.

14

가로 열쇠

1. 구글 북스 라이브러리 프로젝트가 디지털화한 80만 권의 책을 이용한 프로그램. 이 프로그램 검색창에 단어를 입력하면 지난 500년간 사용된 빈도 추이를 그래프로 보여준다. #빅데이터인문학 #진격의서막
2. 한 건물의 바닥 면적을 땅 넓이로 나눈 비율. 층수가 많을수록 ○○○은 높아진다. #FloorAreaRatio
3. "가야 할 때가 언제인가를 분명히 알고 가는 이의 뒷모습은 얼마나 아름다운가 / 봄 한철 격정을 인내한 나의 사랑은 지고 있다 (중략) 나의 사랑, 나의 결별 샘터에 물 고이듯 성숙하는 내 영혼의 슬픈 눈" #이형기
4. 2011년 설립된 게임 포털 사이트. #배틀가로세로 #맞고 #캐치마인드
5. 북쪽으로 관훈동, 동쪽으로 낙원동, 남쪽으로 종로2가, 서쪽으로 공평동이 접해 있다. 외국인들이 한국 문화를 알기 위해 방문하는 곳으로 유명하다.
6. 원래는 그림을 그려넣은 '등'의 한 종류였지만, 주로 무엇이 언뜻언뜻 빨리 지나감을 비유적으로 이르는 말로 더 많이 쓰인다. #지나간삶이○○○처럼눈앞을스쳐간다
7. '롯데의 ○○○~ 롯데의 ○○○~ 오오오오~'로 시작하는 응원가로 유명한 야구선수. 그러나 지금은 삼성으로 팀을 옮겨 응원가도 바뀌었다.
8. 영화 감독 데이빗 핀처가 제작과 연출을 맡아 화제가 된 넷플릭스 드라마. 1970년대를 배경으로 FBI 요원 홀든 포드가 흉악범들의 내면을 연구하는 내용이 담겨 있다.
9. 등 푸른 생선의 대명사. 몇 년 전 환경부가 미세먼지의 원인으로 지목해, 본인들 입장에서는 많이 억울했을 것이다. #난그저구워졌을뿐
10. '자화상' '국화 옆에서' 등의 훌륭한 시를 남긴 한편 친일 친독재 행위로 비판받는 시인 서정주의 호.
11. 세계보건기구에서 안정성과 효과성을 인정받아 2005년 필수의약품 목록에 등재된 '유산 유도' 약품. 마취가 필요 없어 개발도상국에서도 사용하기 수월하다.
12. ①태양 대기의 바깥층을 구성하는 부분으로, 개기일식 때 백색으로 빛난다. ②멕시코가 원산지인 맥주 브랜드. ③'사스'와 '메르스' 발병의 원인이 되는 ○○○ 바이러스.
13. 클린트 이스트우드 감독이 연출하고, 안젤리나 졸리가 주연을 맡은 영화. #실종된아이가돌아왔는데 #내아이가아니다ㄷㄷㄷ
14. 정보통신 인프라의 발달로, 제품이나 서비스를 필요로 하는 소비자의 수요에 따라 맞춤형 서비스를 제공하는 것을 뜻하는 말. #공유경제 #비디오○○○○
15. 고품격 음악방송, 들리는 TV ○○○○○. #수요일밤의 토크쇼

세로 열쇠

1. ①아름다운 바다를 배경으로 두 잠수부의 우정을 그려낸 1988년작. 뤽 베송 감독이 연출했다. ②K리그 수원 삼성 블루윙즈의 서포터즈 이름.
2. 홍이수=한효주 / 김우진=김대명, 이범수, 박서준, 김상호, 천우희, 이진욱, 우에노 주리, 서강준, 김희원, 이동욱, 고아성, 김주혁, 유연석.
3. 《삼국지연의》에 등장하는 명마. 동탁에게 선물받아 여포가 한참 타다가, 여포가 죽은 후에는 조조가 관우에게 주어 관우가 탔다. 관우가 죽은 후에는 풀과 물을 먹지 않고 스스로 굶어 죽었다는 전설이…. #LG의이병규
4. 함백산에서 발원하여 남해로 흘러드는 강. 4대강 사업 이후 '녹조 라떼'가 발생해서 지자체에서 골머리를 앓고 있다. 문재인 정보의 초대 환경부 장관 김은경은 이 강에서 발생한 페놀 유출사고의 피해자로, 이때부터 환경문제 해결에 적극적으로 나섰다.

정답 : 109쪽

5. 〈옥자〉는 있고, 〈체르노빌〉은 없다. 〈기묘한 이야기〉는 있고, 〈왕좌의 게임〉은 없다. 〈하우스 오브 카드〉는 있고, 〈뉴스룸〉은 없다.

6. 파괴왕. 그가 파괴한 것으로는 애니메이션학과, 까르푸, 101여단, 검지넷, 야후, 폭스바겐, 강남구의 한 치킨집, 갤럭시노트7, 무한도전 릴레이툰, 마이 리틀 텔레비전 등이 있다. 그리고 그의 만화를 원작으로 한 영화는 천만 관객을 동원하며 흥행 기록을 파괴했다.

7. 공식 명칭은 등기사항전부증명서이지만, 보통 'OOO OO'이라 부르는 서류. "OOOOO 떼러 주민센터 좀 갔다 올게요~."

8. 2000년 황선미 작가가 출간해 100만 부가 넘게 팔린 동화책. 이후 애니메이션으로도 제작되어 국산 애니메이션 중 가장 많은 관객을 동원했다.

9. 원래는 비행기, 버스, 기차들의 종점을 뜻하지만 보통 '버스'를 타고 내리는 곳으로 인식되어 있다. #고터 #강변 #동서울

10. '당장 내 일 처리하기 급해서 다른 사람 돌볼 여유가 없다'는 뜻의 속담. #90.9cm

11. 매너가 사람을 만든다. #MannerMakethMan

12. "인생에 있어 성공을 A라 한다면 그 법칙을 A=X+Y+Z로 나타낼 수 있다. X는 일, Y는 노는 것이다. 그러면 Z는 무엇인가? 그것은 침묵을 지키는 것이다." #중력파 #알베르트OOOOO

13. 본명은 리처드 스타키(Richard Starkey). 전설적인 밴드 비틀즈에서 드럼과 '평화'(?)를 담당했다.

14. '9회 초에 일궈낸 역전 OOO' '이젠 웹OOO 전성시대!' '욕하면서 보게 되는 막장OOO의 인기비결은?'

15. 일본인 방송 작가 하시다 스가코가 일본 현대사를 배경으로 쓴 베스트셀러. "로마 교황도, 일본 천황도 《OO》을 보고 눈물을 흘렸다"는 문구로 홍보되었다. 한 여인의 기구한 삶을 묘사한 작품으로, 이후 국내에서도 동명의 영화가 만들어졌다.

15

가로 열쇠

1. 프랑스의 의사 겸 점성가로, 본명은 '미셸 드 노스트르담'이다. 1555년부터 3797년까지의 굵직한 사건들을 예언한 책 《백시선》을 펴냈다. #예언의아이콘
2. 지진이나 화재 등 갑작스러운 사고가 발생했을 때 급히 대피할 수 있도록 만들어놓은 출입구. #초록색
3. 양 많은 도시락을 쌀 때 주로 이용하는 그릇으로, 서너 개의 그릇을 층층이 포개는 형태를 띤다. #3단 #4단 #이걸다직접준비하셨어요?
4. 제1회 하계올림픽이 열린 곳이자, 그리스의 수도. 지난 2004년엔 이곳에서 다시 하계올림픽이 열렸다.
5. "꿈보다 ○○이 좋다." #개꿈 #돼지꿈 #태몽 #길몽 #흉몽
6. Intelligence Quotient. 인간의 지능을 수치화한 것.
7. 선수 시절엔 수많은 우승 트로피를 들어 올리며 'K리그의 레전드'로 이름을 남겼고 은퇴 후에는 지도자의 길을 걷고 있다. 한국 축구 올림픽 대표팀 감독을 역임했고, 최근엔 2018년 러시아 월드컵 본선에 진출한 팀을 이끌었다.
8. '너에게 난, 나에게 넌'으로 유명한 포크 밴드 이름을 아주 살짝 잘못 표기하면 이렇게 된다. #뜻은같은데글자수만하나더늘어남 #rideabike
9. 국회가 행정부를 비롯한 국가기관들에 대해 감사·감찰을 진행하는 제도. 일종의 공개 청문회 형식을 띠며 야당 의원들이 존재감을 드러낼 기회이기도 하다. 문재인 정부 출범 이후 첫 ○○○○는 2017년 10월 12일 개막해 31일까지 20일 동안 진행되었다.
10. ①간장 공장 공장장은 공 공장장이고, 된장 공장 공장장은 장 공장장이다. ②경찰청 창살은 쌍철창살이고, 검찰청 창살은 외철창살이다. ③이 ○○○는 깐 ○○○냐 안 깐 ○○○냐….
11. 산을 돌아다니며 산삼 캐는 것을 업으로 삼는 사람. #심봤다ㅑㅑㅑㅑㅑㅑㅑㅑㅑㅑㅑㅑㅑㅑㅑㅑ
12. 군악대, 오케스트라, 재즈 밴드 등 다양한 합주에 두루 쓰이는 것은 물론 독주 악기로도 활용되는 목관악기. #케니G
13. 축구 게임, 해외 축구 중계, 축구선수 인터뷰 등 축구 콘텐츠로 인터넷 방송계를 장악한 BJ. 흥분을 매우 잘해 소리를 많이 지르고 욕도 많이 한다. 심할 땐 키보드를 박살 낼 듯 때린다. 인터넷 공간에서의 명성 덕분인지 2018 시즌 K리그 홍보대사로 임명되었다. #모르텐○○○페데르센 #샷건 #관제탑세리머니
14. 정치인이 기자들을 불러놓고 이슈가 되는 정책과 관련해 입장을 내놓고 질의응답을 받는 행사. 방영을 앞둔 TV프로그램 제작진, 출연진도 화제를 만들기 위해 이 행사를 자주 한다. #기자회견과비슷
15. 거품을 낸 크림으로, 카페에 가서 커피 기반 음료를 시킬 때 이걸 올릴지 말지 선택할 수 있다.

세로 열쇠

1. 진보정치연합 – 민주노동당 – 진보신당 – 진보정의당 – 정의당의 주요 직위를 두루 지낸 한국 진보 정치의 대들보. 2018년 7월 '드루킹 금품수수' 의혹에 연루되어 스스로 목숨을 끊었다. "50년 동안 같은 판에다 삼겹살 구워 먹으면 고기가 시꺼매집니다. 판을 갈 때가 왔습니다."
2. 악어가 트레이드 마크인 프랑스의 의류 브랜드. 뛰어난 테니스 선수였던 창립자의 별명이 '악어'라서, '악어 마크'가 새겨진 옷을 입고 경기에 나갔다고 한다. 이후 의류 회사를 세웠고 운동에 적합한 셔츠를 만들면서 이 브랜드의 역사가 시작됐다.
3. 공기 중의 물방울 입자에 의해 태양광선이 반사·굴절되어 나타나는 현상. 비 온 뒤에 땅이 굳고, 운 좋으면 ○○○도 볼 수 있다.

정답 : 109쪽

4. 국회의원이 월급 개념으로 매월 지급받는 수당 및 활동비. 국회가 파행을 겪을 때마다 ○○를 줄여야 한다는 비판이 매년 나온다.

5. 조선 후기의 작가 김만중이 집필한 고전소설. 주인공이 하룻밤에 꾼 꿈을 장대하게 펼쳐놓는 새로운 형식이 지금도 높은 평가를 받는다.

6. 매운맛 그 자체. 고추의 맵고 뜨거운 맛도 이 화학물질로부터 비롯된 것이다. 식욕을 촉진하고 대사 작용을 활발하게 하여 체내에 지방이 축적되는 것을 막아준다. 그러나 지나치게 많이 먹으면 속이 다 헐어버릴 수 있으니 주의.

7. 중국 작가 루쉰의 대표작. 온갖 모욕을 당하면서도 '정신승리'로 일관하는 주인공을 통해 중국 사회의 무기력한 분위기를 드러낸다.

8. 봉래산에 위치한 관광 사찰. 바다가 내려다 보이는 경치가 일품이다.

9. "아아, ○○○에서 만날 우리 / 도 닦아 기다리겠노

라." #제망매가 #월명사

10. 사라-루사-매미-메기-곤파스-볼라벤-제비-솔릭.

11. "You! 도대체 문제가 뭐야 말 좀 해봐. Hey you! 질투하는 거야, 자격지심인 거야. Boy! 몇 번이나 말했잖아, 나에겐 한 사람밖에 없다고. 귀여워 너답지 않은 네가" #박경 #은하

12. 나라를 망하게 할 만큼 아름다운 미인을 뜻하는 말. 기울어질 ○, 나라 ○, 갈 ○, 빛 ○.

13. 신라시대 군주를 칭하던 말. 이전까지는 '이사금'이라 불렀으나 한층 강화된 왕권을 부각하기 위해 이 호칭을 사용했다. #국사시간을떠올려보세요

14. 1996년 '헤어지는 기회'로 데뷔한 이래 오랫동안 꾸준히 활동 중인 솔로 가수. 찢어질 듯한 고음이 특징적이다. #잔인한 #여자라 #Tears

15. 지난 일을 돌이켜볼 때 느껴지는 감정. "지금 와서 철없었던 지난 시절을 떠올려보니 ○○가 새롭습니다."

16

가로 열쇠

1. 심리학 고전으로, 인류의 영원한 화두인 '사랑'에 대한 탁월한 통찰을 보여줬다. "많이 '갖고' 있는 자가 부자가 아니다. 많이 '주는' 자가 부자다. 하나라도 잃어버릴까 안달하는 자는 심리학적으로 말하면 아무리 많이 가져도 가난한 사람, 가난해진 사람이다. 자기 자신을 줄 수 있는 사람은 누구든지 부자다."

2. 짧은 시간에 운동 효과를 극대화할 수 있는 전신운동. #단순하게말하면 #엎드렸다일어나기

3. 일본 북부에 위치한 섬으로, 삿포로에 도청 소재지를 두고 있다. 눈이 많이 내려 겨울에 오히려 관광객들이 많이 찾는다. 영화 〈러브레터〉는 이곳에 위치한 소도시 오타루에서 촬영했다. #북해도

4. 〈겨울왕국〉〈주토피아〉에 이어 2017년 1월 개봉한 디즈니 애니메이션. #마우이 #타마토아 #HowfarI'llgo

5. ①두 사람이 사귄 지 5년, 6년 되면 '○○ 연애 중'이라고 한다. ②초나라와 한나라의 전쟁을 본떠 만든 일종의 보드게임. ③위, 간, 콩팥, 허파 등….

6. 경기도 북부의 행정구역. 미국산 소시지를 넣은 부대찌개가 유명하다. 최근 몇년 사이에는 특별한 졸업사진을 찍는 고등학교 이름으로도 유명해졌다.

7. 원래는 교수의 지도 아래 학생들이 함께 토론하고 연구하는 교육 방법을 뜻하지만, 요즘은 교수-학생 관계가 아니더라도 토론을 이용한 공부 모임을 칭할 때 자주 쓰인다.

8. "폭죽처럼 터지는 색과 음, 꿈 그리고 사랑. 꿈을 꾸게 만드는 이 영화와 사랑에 빠지지 않을 도리가 없다. 압도적인 에너지의 오프닝부터 심장을 움켜쥐는 엔딩까지 단 한순간도 빼놓지 않고 황홀하게 꿈의 세계로 인도한다. 영화 자체에 대한 헌사이자 사랑과 꿈에 대한 선명한 시." by 이지혜 영화 저널리스트

9. 알파-○○-감마-델타-입실론-제타-에타-쎄타-이오타-카파-람다-뮤-뉴….

10. 1910년 태어난 수필가. 그의 글을 엮어 만든 책 《인연》은 수필집의 정석이라 할 정도로 훌륭하다. 2007년 5월 향년 97세로 사망했다.

11. 울림엔터테인먼트 소속의 8인조 걸그룹. 'Candy jelly love' 'Ah-choo' 'Destiny' 등 귀엽고 청순한 분위기의 곡들을 발표해왔다. #널보면재채기가나올것같아

12. 공책을 뜻하는 영어 단어지만, 최근 들어서는 휴대용 PC를 뜻하는 말로 더 자주 쓰인다.

13. 용의자의 심리를 분석해 성격과 행동유형, 성별, 연령, 직업, 취향, 콤플렉스 등을 추론해 수사 방향을 설정하는 직업. #범죄심리분석관 #박해영경위

14. 지구에서 가장 큰 바다.

15. 스톡홀름 ○○○, 피터팬 ○○○, 방탄소년단 ○○○, 왕좌의 게임 ○○○.

세로 열쇠

1. 원명 교체기를 다룬 소설가 김용의 무협소설. 영화, 드라마는 물론 게임으로도 만들어져 큰 사랑을 받았다. #사조영웅전 #신조협려

2. 했던 말 또 하고, 했던 말 또 하고, 했던 말 또 하고…. 갑자기 엉엉 울기도 하고, 길거리를 뛰어다니기도 하고, 옆 사람한테 시비를 걸기도 하고, 얌전히 잠들기도 하고. #그러면서집은귀신같이찾아가지

3. 입술에 바르면 일정 시간 동안 색깔을 유지해주는 색조화장품. #베네○○ #벨벳○○ #립○○

4. ①그리스 신화 속 '대기의 여신'. ②45억 년 전, 지구와 미행성 ○○○의 충돌로 인해 달이 만들어졌다는 가설이 나오기도 했다.

5. 우쿨렐레의 단짝으로, 배우 강하늘이 〈라디오스타〉에 출연해 연주했던 악기.

6. 교회의 부족한 재정을 해결하기 위해 금전을 낸 사람

정답 : 109쪽

들에 한해 죄를 면해준다는 뜻으로 교황이 배부했던 증서. #종교개혁의시발점

7. ①미국 소설가 허먼 멜빌의 대표작. ②황정민, 진구, 김민희 주연의 스릴러. ③SBS가 새롭게 론칭한 모바일 콘텐츠 제작소.

8. 2018년 3월 21일부터 방영된 tvN의 16부작 드라마. 〈미생〉〈시그널〉을 연출한 김원석 PD와 〈또 오해영〉의 박해영 작가의 만남으로 기대를 모은 동시에 나이 차가 많이 나는 이선균－아이유 조합과 납득하기 힘든 제목 선정으로 비난받기도 했다. 방영 후엔 폭력성으로 다시 거센 비난을 받았지만 높은 시청률을 기록했다.

9. 2001년 '눈물에 얼굴을 묻는다'로 데뷔. 시트콤 〈뉴논스톱〉에 출연. 드라마 〈명랑소녀 성공기〉에 출연, 중국 진출. 국내 복귀 후 〈동안미녀〉〈고백부부〉 등에 출연.

10. ①'운 좋게 찾아낸 뜻밖의 발견'을 뜻하는 영어 명사. ②존 쿠삭, 케이트 베킨세일 주연의 멜로영화. ③방탄소년단이 2017년 9월 발표한 앨범 〈LOVE YOURSE

LF 承 'Her'〉의 첫 트랙 제목.

11. 기업이 자사의 이윤을 사회에 되돌려주겠다는 목적으로 행하는 공익 활동. 사회적 공헌 활동이나, 자선 기부 활동 등 그 방법은 다양하다. #ㅍㅡㅅㄹㅍ

12. 2018년 하반기 ○○○○○=이국종의 《골든아워》, 김난도 교수의 《트렌드 코리아 2019》, 백세희 작가의 《죽고 싶지만 떡볶이는 먹고 싶어》, 곰돌이 푸의 《곰돌이 푸, 행복한 일은 매일 있어》

13. [가로 1번 열쇳말]을 집필한 미국의 정신분석학자이자 사회심리학자.

14. '원하던 일이 뜻대로 되어 우쭐거리며 뽐내는 모양'을 뜻하는 사자성어. 얻을 ○, 뜻 ○, 날릴 ○, 날릴 ○.

15. 서울 지하철 3호선이 최초로 개통되던 당시, ○○○과 '양재'가 기점이자 시종착역이었다. 지금도 여전히 일부 열차의 시종착역으로, '대화행'을 기다리는 승객들에게는 반갑지 않은 이름. #북한산 #진관동 #은평뉴타운

17

가로 열쇠

1. 넷플릭스가 자체 제작하는 드라마. 본래 '카드로 쌓아 올린 집'처럼 엉성한 계획을 뜻하지만, 'ㅇㅇㅇ'는 미국 하원을, 'ㅇㅇ'는 게임을 의미해 다르게 해석할 수도 있다. #Westwing
2. 2008년 데뷔한 SM 소속의 아티스트. #두부온리다 #만능열쇠 #불꽃카리스마 #우리박력탬 #블링블링이즈
3. 범죄를 저지른 후 징역형에 처한 사람들을 가두고 교정 및 교화를 위해 교육하는 시설.
4. 박정희 대통령이 정권을 잡고 있던 1972년 11월 21일 국민투표를 통해 확정된 헌법. 이 헌법이 통과되면서 독재가 가능해졌다.
5. 미국은 예술, 과학, 스포츠 분야에서 특별한 재능과 명성을 가진 연예인에게는 'O-1' ㅇㅇ, 그들의 수행원에게는 'O-2' ㅇㅇ를 발급한다. #입국허가증
6. 미스터리소설 시리즈 《밀레니엄》을 쓴 스웨덴의 언론인 출신 작가. 이 소설은 전 세계 52개국에서 9,000만 부를 팔아치우며 '어른들의 해리포터'라는 별명까지 얻었다. 그는 애초 10부작으로 이 시리즈를 구상했지만 3부까지만 쓰고 세상을 떠났다. #여자를증오한남자들
7. 허균이 본인의 소설 《홍길동전》에서 바다 건너 신비의 섬으로 설정한 가상의 왕국. 신분 차별과 탐관오리가 없어 모두가 행복한 이상사회로 그려진다.
8. 이명박 전 대통령의 큰형인 이상은 씨와 처남 故 김재정 씨가 공동설립한 자동차 부품업체. 2007년 대선 당시 이 전 대통령의 차명 회사라는 의혹이 제기된 바 있다. 영화 〈저수지 게임〉에도 주진우 기자가 이 전 대통령과 ㅇㅇ의 연결고리를 파헤치는 내용이 담겨 있다. #ㅇㅇ는누구겁니까
9. 참외로 유명한 경상북도의 행정구역. 지난 2016년 7월 사드 배치가 결정되면서 찬반 진영으로 나뉘어 대립했다.
10. 〈지금은 맞고 그때는 틀리다〉-〈당신 자신과 당신의 것〉-?-〈클레어의 카메라〉-〈그 후〉-〈풀잎들〉
11. 법흥왕 시대, 신라의 불교 공인을 위해 목숨을 아끼지 않고 왕에게 직언했던 인물. 목을 벤 순간 흰 젖이 하늘로 치솟고 꽃비가 내렸다는 전설이 전해진다.
12. 사회적 소수자 중 하나인 여성의 권리 신장을 핵심으로 하는 사회정치이론.
13. 상대방의 처지에서 생각해보라는 뜻의 사자성어. 바꿀 ○, 땅 ○, 생각할 ○, 갈 ○.
14. 손뼉 치며 크게 웃는 모습을 표현하는 사자성어. #고깃집이름
15. 갈증과 숙취 해소에 크게 도움이 된다고 알려진 음료. ○○나무 열매에서 추출한 농축액을 이용하는 것이 일반적이다.

세로 열쇠

1. 2016년 데뷔한 걸그룹. 한국의 스타쉽 엔터테인먼트와 중국의 위에화 엔터테인먼트가 합작했다. #비밀이야 #부탁해 #성소
2. 그리스 신화에 나오는 테베의 왕. 아버지를 죽이고 어머니와 결혼하게 될 거라는 충격적인 신탁 때문에 태어나자마자 산속에 버려졌으나, 운 좋게(?) 살아남아… 신탁이 현실로 이뤄진다.
3. ①초콜릿의 원재료. ②포털 사이트 '다음'과 모바일 메신저 'ㅇㅇㅇ톡'을 서비스하는 기업.
4. 〈공동경비구역 JSA〉-〈좋은 놈, 나쁜 놈, 이상한 놈〉-〈악마를 보았다〉-〈광해, 왕이 된 남자〉-〈내부자들〉-〈밀정〉-〈남한산성〉 #모히또가서몰디브한잔 #연기로는깔수가없다
5. 자녀를 둔 학부모의 가계에 매우 큰 부담이 되고 있는 것. 통계청 발표에 따르면 2017년 초/중/고 학생 1인당 월평균 ○○○○가 27만 6000원에 달한다.

정답 : 110쪽

6. 타지키스탄 출신 축구선수로, 1992년 한국 K리그에 진출한 뒤 전설이 된 골키퍼. 원래 이름은 발레리 콘스탄티노비치 사리체프였으나 2000년 귀화했다.

7. 한국어와 영어를 합성한 신조어로, '법이 아니었으면 넌 이미 내 손에 죽었다'라는 뜻으로 쓰인다. #Godblessyou

8. 운전자가 핸들, 브레이크, 가속 페달 등을 조작하지 않아도 알아서 도로의 상황을 파악해 움직이는 자동차.

9. 가수 윤심덕이 1926년 발표한 노래. 윤심덕은 이 노래를 부른 후 당시 연모를 품고 있던 작가 김우진과 함께 동반 자살했다.

10. '똥'을 점잖게 부르는 말.

11. 4천만 부를 넘게 팔아치운 〈주간 소년 점프〉 연재 만화. 'SF 시대극 형식의 코미디 만화' 정도로 얼버무릴 수 있겠으나 장르를 딱 잘라 말하긴 힘들다. #사카타긴토키 #GINTAMA

12. 〈부산행〉의 프리퀄 애니메이션. "노숙자를 향한 편견이, 원조 교제에 내몰린 아이들의 절망이, 돌아갈 곳 없는 이들의 좌절이, 시민들을 향해 무차별적으로 물대포를 발포하는 시위대의 무력함이 전하는 메시지는 명쾌하다. 우리 사회가 지옥이라는 것. 출구는 없다는 것." by 정시우 영화 저널리스트

13. 대한민국의 제17대 대통령. 맨몸으로 죽을힘을 다해 이 자리까지 왔다는 성공 스토리, 청계천과 버스 노선, 팍팍한 경제 상황, 국밥 광고와 "경제나 살려, 이놈아~", 전임 대통령에 대한 실망감, 경쟁력 없는 경쟁 후보 등 온 우주의 도움을 받아 당선되었다. 그 후 10년, 구속 수감된 그의 수인번호는 716. 제18대 대통령의 수인번호 503과 더하면 그의 생일이자 대통령 당선일인 '1219'가 된다고 한다.

14. 멕시코, 아르헨티나, 우루과이, 쿠바, 필리핀 등에서 사용하는 화폐 단위.

15. 나쁜 기억 ○○○, 내 머리 속의 ○○○.

18

가로 열쇠

1. '오리무중'과 같이 앞일을 전혀 알 수 없을 때 사용하는 표현. '제17대 대선, 결과는 ○○○○' '드라마 〈미스터 션샤인〉, ○○○○의 전개에 환호하는 시청자'

2. ①2015년 SBS에서 방영된 드라마로, 부자 아빠의 권위의식과 가난한 아빠의 속물근성을 동시에 풍자했다. ②'그대 없는 나날들이 그 얼마나 외로웠나 / 멀리 있는 그대 생각 이 밤 따라 길어지네'

3. 〈연애시대〉〈얼렁뚱땅 흥신소〉〈화이트 크리스마스〉〈난폭한 로맨스〉〈청춘시대〉 등 완성도 높은 작품을 집필한 드라마 작가. 지난 2016년에는 〈여름, 어디선가 시체가〉라는 제목의 추리소설을 출간했다.

4. 주말이 끝난 뒤 월요일 아침에 육체적으로나 정신적으로 피곤함을 느끼는 증상. 아니, 사실 일요일 오후부터 슬슬 '○○○'이 시작된다.

5. 시리아의 수도이자 세계에서 가장 오래된 도시로, 시 자체가 유네스코 세계문화유산에 등재되어 있다.

6. 전직 '힙통령'이자 〈프로듀스 101〉 시즌 2 참가자. #파맛첵스 #첵길만걷자 #스피드레이서

7. '아무리 막강한 권력도 채 10년을 가지 못하고 무너진다'는 뜻의 고사성어. 권세 ○, 아니 ○, 열 ○, 해 ○.

8. ①축구에서 쓰이는 고급 드리블 스킬 중 하나. ②까칠까칠한 표면을 이용해 우둘투둘한 물체를 맨들맨들하게 만드는 도구.

9. 원산지는 멕시코. 과일치고 비타민과 미네랄이 매우 풍부하다. 그러나 한국인에게는 아직 그 맛이 익숙하지 않고 지방 함량이 높아 샐러드 등 요리의 보조 재료 정도로만 활용되고 있다.

10. 소가 걸리는 질병인 '우두' 바이러스를 인간에게 주입하면 천연두에 걸리지 않는다는 데서 착안한 천연두 예방법.

11. 한국에서 랩 제일 잘하는 사람을 꼽을 때, 거의 빠지지 않고 포함되는 래퍼. #난훈민정음드리블링을메시처럼 잘해요

12. 2014년 아프리카TV 방송대상 콘텐츠대상, 2016년 케이블방송대상 1인 크리에이터상에 빛나는 국내 대표 1인 크리에이터. #buzzbean #음댕

13. 2000년 12월 2일 문을 연 광화문의 예술영화 전용관. 이곳의 룰은 일반 극장과 조금 다르다. 광고 없이 정시에 영화가 시작된다. 상영 시작 10분 후에는 입장할 수 없다. 팝콘·콜라 등 물을 제외한 음식은 모두 반입 금지다. 엔딩 크레디트가 모두 올라간 후에 불이 켜진다.

14. 살아 있었더라면 노벨상을 받아도 전혀 이상하지 않을 만큼 중요한 연구 업적을 남겼던, 한국 출신의 천재 물리학자.

15. 2015-2016 시즌 NBA 파이널 MVP에 뽑혀, 파이널 MVP만 세 번을 기록한 농구선수. 특히 파이널 마지막 경기에서는 27득점, 11어시스트, 11리바운드를 기록해 트리플 더블을 달성했다.

세로 열쇠

1. 기독교의 시조. "내가 너희를 사랑한 것처럼 너희도 서로 사랑하여라."

2. 헛바람을 일으키는 부채. 보통 '없는 사실을 부풀려 말하고 돌아다니는 행동'을 뜻한다. ○○○이 반복·심화되면 허언증 환자가 된다. #헛바람부채

3. 육상 경기 중 장애물 위를 뛰어넘어 달리는 종목.

4. 한국인에게 가장 사랑받는 시인. 본명 김정식. "접동 / 접동 / 아우래비 접동" "불러도 주인 없는 이름이여! / 부르다가 내가 죽을 이름이여!" "산에는 꽃 피네 / 꽃이 피네 / 갈 봄 여름 없이 / 꽃이 피네" "가시는 걸음걸음 / 놓인 그 꽃을 / 사뿐히 즈려밟고 가시옵소서"

5. 특정 집단의 이익을 위해, 입법을 담당하는 국회의원들을 압박하고 회유해 이득을 얻는 사람. 한국보다는

정답 : 110쪽

미국 정치판에서 역할이 더 크다. #린다킴

6. 일시불인 로또와 달리 당첨금을 20년에 걸쳐 나눠 받는 복권.

7. 입영통지서를 발급하고, 예비군 훈련을 관장하는 국가기관.

8. 허영만 원작의 만화 〈날아라 슈퍼보드〉에서 손오공, 저팔계, 사오정과 함께 동행하는 캐릭터.

9. 아시아 남부 인도양에 위치한 섬나라. 영국의 식민 지배를 받았으나 제2차 세계대전 이후 독립을 인정받았다. #콜롬보

10. 무릎 관절의 안정성에 중요한 역할을 하는 부위. 이동국, 황선홍, 남태희 등 축구선수 중에는 이곳을 다쳐 오랫동안 경기에 뛰지 못하는 경우가 많다.

11. 1968년 설립된 포항의 대표 기업. #PohangIron&Steelcompany

12. 국어교사 겸 시인으로 활동하다 정치에 입문한 후, 문재인 정부의 초대 문화체육관광부 장관을 맡은 국회의원.

13. 1988년 9월 창립된 헌법기관. 법원의 제청에 의한 법률의 위헌여부 심판, 탄핵의 심판, 정당의 해산 심판, 국가기관 상호간, 국가기관과 지방자치단체간 및 지방자치단체 상호간의 권한쟁의에 관한 심판, 법률이 정하는 헌법소원에 관한 심판 등을 관장한다.

14. 무례한 중년 남성을 조롱하는 말. 시대에 뒤떨어진 성차별 의식, 재미도 감동도 없는 '불쾌한 섹드립', 지하철의 '쩍벌', 길거리의 흡연, 늦은 밤의 술주정, 시간과 장소를 가리지 않는 허세와 오지랖.

15. "내 소중한 곤충들아, 착하지만 방법이 없어서, 지겨운 이 사람들만큼 몸무게가 나가지 않아서 너희가 이들에게 그 점을 확신시킬 수 없다면 내가 대신 말해주마. 그들은 너희를 토막 내지만, 나는 살아 있는 너희를 연구한다고 말이다. (중략) 그들은 죽음을 연구하지만 나는 생명을 연구한다." #곤충밖에모르는바보

19

가로 열쇠

1. 1961년 영국의 변호사 피터 베네슨이 만든 인권운동 단체. 본부는 영국 런던에 있고, 한국을 비롯한 150여 나라에 지부를 두고 있는 세계적인 인권단체로, 1977년에는 노벨 평화상을 받았다.

2. 남자 성기를 덮고 있는 부분을 제거하는 수술로, 보통 어릴 때 많이들 한다. 하지만 성인이 될 때까지 하지 않는 경우도 많다.

3. 일본의 국기. #베를린올림픽 #손기정 #동아일보

4. 매력적인 굿즈를 쉴 틈 없이 내놓는 통에 내가 책을 사고 굿즈를 받는 건지 굿즈를 사고 책을 받는 건지 헷갈리게 만드는 온라인 서점.

5. [세로 10번 열쇳말]로 유명한 미국의 보컬리스트. 〈타임〉이 선정한 20세기 가장 영향력 있는 인물 100인에 꼽힐 만큼 대중음악 역사에 큰 영향을 미쳤다.

6. 살짝 과장해서 '호날두는 골을 넣고, 메시는 ○○○을 하고, 루니는 축구를 한다'고 말할 만큼 전성기 때의 웨인 루니는 축구에 대한 높은 이해도와 체력을 바탕으로 호날두나 메시 못지않은 퍼포먼스를 보여줬다. #난루니가좋아요

7. 구워 먹기도 하고, 삶아 먹기도 하고, 볶아 먹기도 하고, 회쳐 먹기도 하고, 말려 먹기도 하고, 반만 말려 먹기도 하는 연체동물. 이렇게 쓰고 보니 좀 미안하네….

8. '어지럼증'의 다른 말. #○○○난단말이에요 #vertigo

9. 대중매체의 장르 중 하나로, 간단히 말해 '움직이는 만화'. #아기공룡둘리 #너의이름은 #슈렉 #겨울왕국

10. 피자의 시작.

11. 2008년 국내에서 개봉해 큰 인기를 얻었던 액션 스릴러. 딸 찾는 아버지를 연기한 [세로 9번 열쇳말]의 존재감이 컸다.

12. 북아메리카 카리브해 북동쪽에 위치한 섬나라. 콜럼버스가 최초에 발견한 신대륙이 이곳이다. 겨울에도 쾌청한 날씨 덕분에 세계적인 휴양지로 유명하다.

13. "옛날 어린이들은 호환마마, 전쟁 등이 가장 무서운 재앙이었으나 현대의 어린이들은 무분별한 불법비디오를 시청하면서 비행청소년이…." 여기서 '마마'가 가리키는 질병.

14. 이사한 사람이나 갓 결혼한 부부가 지인들을 집으로 불러 음식을 대접하는 풍속. #인간적으로휴지는그만선물합시다

15. 중국 수나라와 전쟁할 당시 고구려군을 지휘해 큰 승리를 거뒀던 '살수대첩'의 영웅.

세로 열쇠

1. 삼성그룹 산하의 종합 광고대행사. 현대에 이노션이 있고, LG에 HS애드가 있고, 롯데에 대홍기획이 있다면, 삼성엔 ○○○○이 있다. #아이디어로세상을움직이다

2. ①파업. ②한 번에 열 개의 볼링핀을 모조리 쓰러뜨리는 것. ③삼진을 잡기 위해 세 개 필요한 것.

3. 시계, 인형, 찻잔, 접시, 액자 등 다양한 도자기 제품에 채색하는 취미 활동. 원래 도자기 제조 과정 중 하나지만, 최근 이색적인 취미 생활로 인기를 얻고 있다.

4. TV에 자주 나오는 연예인을 가리켜 '○○○○'라고 부르는데, '틀면 나오기 때문'이다.

5. 2015년부터 프로야구 포스트시즌에 도입된 제도. 4위, 5위 팀이 경기를 가지되, 5위는 2연승을 거둬야 하고 4위는 1무 이상이면 준플레이오프에 진출할 수 있다. #조현우 #손흥민

6. 국 끓일 때 자주 쓰이는 식재료. 우거지와 비슷하지만 보통 배춧잎 말린 것은 우거지, 무청 말린 것은 '○○○'로 구분한다. #감자탕에든채소

7. 수도는 비엔티안, 통화는 킵. '꽃보다 ○○○'에서 아름다운 유연석·손호준·바로가 떠났던 곳.

정답 : 110쪽

8. 집값이 비싼 서울에서 20대 초중반의 청년들이 비용 절감을 위해 화장실, 부엌, 거실 등을 공유하며 같이 사는 주거 형태.

9. 영화 〈인천상륙작전〉에서 맥아더 장군을 연기한 배우. 1952년생이지만 여느 젊은 배우 못지않은 액션 연기를 펼친다. "I will look for you. I will find you And I will kill you." #반드시죽일거다

10. "Yes, there were times I'm sure you knew / When I bit off more than I could chew / But through it all when there was doubt / I ate it up and spit it out / I faced it all and I stood tall / And did it ○○○○"

11. 해외에 나가지 않고도 어학연수의 효과를 거두기 위해 국내에 조성한 영어 체험 공간. 그러나 2017년 이곳 방학캠프에 참가한 중학생 선배들이 후배들을 일주일간 폭행하고 괴롭혔다는 신고가 접수되어 논란이 일었다.

12. 일본 - 하지메마시떼 / 미국 - 헬로 / 중국 - 니 하오 / 프랑스 - 봉주르 / 베트남 - 신 짜오 / 태국 - 사와디캅 / 라오스 - ?

13. '둘레의 가장자리' 혹은 '일정한 범위나 한계'를 뜻하는 우리말. "모든 문제 해결은 법의 ○○○ 안에서 이뤄져야 합니다."

14. ①한 집안에서 제사 지내는 걸 맡아서 하는 집. ②'교도소'를 뜻하는 은어. ③매우 넓은 주거공간.

15. 국회에서 의사결정을 하는 데 있어 증인, 참고인, 당사자를 직접 불러 진술을 듣는 것. 한국 정치에서 가장 자주 뉴스거리가 되는 것은 각종 인사○○○다. #위장전입 #자녀병역 #세금탈루

20

가로 열쇠

1. 정우성, 황정민, 곽도원, 주지훈 등이 출연한 영화. "쉼표 없이 매 장면 힘을 주니 진이 빠질 수밖에. 그럼에도 갈 수 있는 한 끝까지 밀고 나간 폭력과 남성성의 끝자락. 어설픈 현실 모방보다 강렬한 김성수식 하드고어 또는 허세." by 송경원 《씨네21》 기자

2. 일정한 비용을 지불하고 각종 편의시설과 서비스 등을 누리며 사는 노인들의 주거공간. 고령화가 급격히 진행됨에 따라 점점 그 수요가 늘고 있다.

3. 폭정을 견디다 못한 신하들이 1506년 당시 왕이었던 연산군을 몰아내고 이복동생인 진성대군을 왕으로 추대했는데, 그가 바로 ○○이다.

4. 머리와 몸통 사이 목 근처 피부가 늘어져 있고 다른 색을 띠는 조류. 미국인들은 추수감사절이 되면 '○○○' 요리를 먹는다.

5. 저서 《진보와 빈곤》을 통해 단일 토지세를 주장하며 19세기 세계 경제에 막대한 영향을 끼친 미국의 경제학자.

6. 동유럽에 거주하던 유대인들에 의해 처음 만들어진 것으로 알려진 빵의 한 종류. 가운데 구멍이 뚫려 있지만 도넛과는 다르다. 뉴욕에 가면 속을 꽉 채운 수제 ○○○ 전문점을 쉽게 찾아볼 수 있으며, 한국에서는 주로 크림치즈를 발라 먹는다.

7. 조선시대에 서울과 남한산성을 잇던 나루. 병자호란이 일어날 당시 남한산성에 피신해 있던 인조는 결국 45일 만에 항복하고 청나라 황제 앞에서 3번 무릎 꿇고 9번 머리를 조아리는 '삼궤구고두례'의 치욕을 당한 곳. 이를 가리켜 '○○○의 굴욕'이라 부른다.

8. 1988년 독립을 선언했으나 독립 국가로 인정받지 못하다가 2012년 유엔 '옵저버 국가'로 인정된 나라. 이스라엘과의 분쟁이 끊임없이 이어지고 있다. #가자지구

9. YG 소속의 아이돌 그룹 '아이콘'이 발표해 유치원, 초등학교에서 신드롬을 일으킨 노래. "○○○ ○○ 우리가 만나 / 지우지 못할 추억이 됐다 / 볼 만한 멜로드라마 괜찮은 결말 / 그거면 됐다 널 사랑했다"

10. 1999년부터 KBS에서 방영되고 있는 퀴즈 프로그램으로, 고등학생들을 대상으로 한다. 50문제를 다 맞춰야 ○○○을 울릴 수 있다. #문제가남느냐내가남느냐 #도전○○○

11. 과학시간에 들어본 단어. 산성인지 염기성인지 알아보기 위해 '○○○○ 시험지'를 이용한다.

12. 〈황해〉 〈범죄와의 전쟁 : 나쁜놈들 전성시대〉 〈베를린〉 〈변호인〉 〈타짜 : 신의 손〉 〈무뢰한〉 〈곡성〉 〈아수라〉 〈강철비〉 등에 출연한 배우. '사회적 지위가 높은 나쁜 놈'을 아주 실감나게 연기한다.

13. '병살'의 다른 말.

14. 베이징, 상하이와 함께 중국 3대 도시로 꼽히는 무역도시. 2010년 이곳에서 아시안게임이 개최됐다.

15. 본래 《오즈의 마법사》의 난쟁이족을 지칭하는 말. 국내 온라인 커뮤니티에서는 '사기캐릭'과 비슷한 뜻으로 쓰인다.

세로 열쇠

1. 남아메리카 남동부에 위치한 나라. 서쪽으로 칠레, 북쪽으로 볼리비아와 파라과이, 동쪽으로 브라질과 우루과이와 맞붙어 있다.

2. "시골 영감 처음 타는 기차놀이에 차표 파는 아가씨와 실갱이하네"의 '실갱이'를 표준어로 고치시오.

3. 사람이 살아가면서 성공하느냐 마느냐는 노력보다 운에 의해 결정되는 경우가 많다는 뜻의 사자성어. 돈다 ○, 일곱 ○, 재주 ○, 석 ○.

4. 상대방을 모욕하고 싶을 때 치켜드는 손가락.

5. 5만 명에게 4조 원의 피해를 남기고 2011년 사망한

정답 : 110쪽

것으로 밝혀진 희대의 '다단계' 사기꾼.

6. ①'진리'를 뜻하는 라틴어. ②사법·행정·외무 고시, 토익 등 국가고시 준비생들을 대상으로 한 학원. ③GM대우가 2008년 출시한 대형 세단.

7. 판문점 회의실과 중립국감독위원회 캠프 사이에 위치한 길이 50m의 작은 다리. 이 다리는 유엔사가 관리하는 시설이기 때문에 파란색으로 페인트칠이 되어 있다. 2018년 4월 27일 남북 정상회담 당시 문재인 대통령과 김정은 국무위원장이 이곳을 산책하고, 벤치에 앉아 30여 분 동안 대화를 나눠 큰 화제를 낳았다.

8. 2014년 데뷔한 걸그룹. 소속사에 따르면, 소녀시대의 대중성과 f(x)의 독특함 그 사이에 있는 걸그룹을 만들고 싶었다고. 강렬하고 매혹적인 ○○와 클래식하고 부드러운 ○○에서 연상되는 두 가지 이미지를 번갈아 보여주고 있다.

9. 〈좋은 놈, 나쁜 놈, 이상한 놈〉 〈달콤한 인생〉 〈밀정〉의 김지운 감독이 연출하고 강동원과 정우성이 출연했으

나 처참하게 흥행에 실패한 영화.

10. 맛집 사장님들이 가장 두려워하는 연예인. 대표적인 유행어는 "맛이가 없어요."

11. '○○○ 이어폰' '○○○ 헤드폰'은 고막이 아닌 뼈와 피부의 진동을 통해 소리를 전달한다.

12. 격한 운동을 하기 전이나, 같은 자세로 오랫동안 앉아 있을 때 자주 하는 것. #하나둘셋넷다섯여섯일곱여덟

13. ①메이저리그 탬파베이 레이스의 홈구장 이름. ②미국에서 오렌지 주스로 유명한 기업. ③모모랜드 주이+스파클링=?

14. 공포심이 너무 심한 나머지 인질이 인질범에게 동조하는 현상을 '○○○○ 증후군'이라 한다. #스웨덴의수도

15. DC 확장 유니버스를 그려낸 영화 〈저스티스 리그〉에서는 벤 애플렉이 연기하는 배트맨, 헨리 카빌이 연기하는 슈퍼맨, 갤 가돗이 연기하는 ○○○○을 볼 수 있다.

21

가로 열쇠

1. 영국과 러시아가 19~20세기에 걸쳐 100년 가까이 중앙아시아 내륙을 두고 벌였던 패권 다툼을 이르는 말.

2. '배 위에서 칼을 강물에 떨어뜨린 뒤, 배에 떨어뜨린 자리를 표시했다가 나중에 칼을 찾으려 한다'는 뜻의 사자성어. '융통성이 없고 어리석은 사람'을 가리키는 말로 쓰인다. 새길 ○, 배 ○, 구할 ○, 칼 ○.

3. 세상을 어지럽히고 백성을 속이다. "현 정부의 경제정책은 국민들의 눈을 가리고 국가경제를 파탄으로 빠뜨리는 전형적인 ○○○○입니다!!"

4. 낮에는 잘 날지 않고 밤에 주로 활동하는 야행성 조류. 밤늦게까지 자지 않는 사람을 비유할 때 쓰는 말.

5. 야구 경기에서 투수가 달성할 수 있는 기록 중 하나. 선발투수는 '승리'를, 마무리투수는 '세이브'를 기록하고, 보통 중간계투들이 이 기록을 많이 쌓는다. 요건이 까다로워 야구팬들도 이 기록에 대해 정확히 모르는 경우가 많다. #안지만 #진해수 #오현택

6. 박근혜 정부의 저출산 및 고령화 대책 중 하나로, 발표되자마자 거센 비판과 조롱을 받았다. #모든일은결혼으로통한다 #박근혜의천생연분

7. "승리를 위해 최선을 다하고, 결과에 승복할 줄 아는 사회를 만들겠다"라는 처음의 의도는 사라지고, 여성 출연자의 몸매만 부각하는 구태를 거듭하다 MC 이창명이 음주운전 혐의로 구설수에 오른 뒤 결국 폐지된 KBS의 예능 프로그램. #뜀틀왕자조성모를아시나요

8. "셔츠가 다 젖을 때까지~ 압구정! 돈이 없어도 오늘만은~ ○○○!" #유재석 #이적 #처진달팽이

9. 추리소설계의 거장 애거사 크리스티의 대표적인 장편소설. 흔히 엘러리 퀸의 《Y의 비극》, 윌리엄 아이리시의 《환상의 여인》과 함께 세계 3대 추리소설로 꼽힌다.

10. 힌두교의 3대 신 중 하나. 창조의 신 브라흐마, 파괴의 신 시바, 보호·유지의 신 ○○○.

11. 대학입시 분야에서 가장 많은 수강생을 보유하고 있는 대한민국 최대 규모의 사교육업체. #since2000 #창립 자손주은

12. 2000년 하계올림픽이 열린 호주의 도시. 오페라하우스와 올림픽으로 인지도가 높아져 많은 사람들이 호주의 수도로 착각하는 경우가 많지만 실제 호주의 수도는 '캔버라'이니 망신당하지 않으려면 기억해두시길.

13. 1986년 일본에서 처음 발매된 비디오게임. 이후 세계적인 인기를 끌며 '게임계 레전드' 반열에 올랐다. 지난 2017년 닌텐도 스위치용 게임으로 출시되어 다시 한번 인기를 끌고 있다. #마왕성의결투

14. 밀크티, 짜이, 아이스티의 기본이 되는 음료. #다즐링 #아쌈 #얼그레이 #잉글리쉬브렉퍼스트

15. 빨강 및 초록 빛깔을 띠는 채소. 미취학 아동들이 많이 골라내는 채소이기도 하다.

세로 열쇠

1. ①'컴퓨터 가드'라는 별명으로 불렸던 천재 농구선수. ②쌍둥이 개그맨으로 유명한 두 사람 중 동생. ③롤라의 리더이자 래퍼. #음악의신

2. 〈레옹〉〈해리포터와 아즈카반의 죄수〉〈배트맨 비긴즈〉 등에 출연한 할리우드 배우. 2017년 개봉한 영화 〈다키스트 아워〉에서 영국 수상 윈스턴 처칠을 연기해 아카데미 남우주연상을 받았다.

3. 초등학교 운동장에 꼭 하나씩 있던 놀이기구. 이걸 타려면 꽤 높이 올라가야 했고 발을 헛디디기도 쉬웠기 때문에 지금 생각하면 위험천만한 놀이기구.

4. 모션캡처 연기의 대가로 불리는 앤디 서키스가 유인원들의 리더 '시저'를 훌륭히 연기해낸 영화 시리즈. #진화의시작 #반격의서막 #종의전쟁

5. 진딧물을 잡아먹어 농업에 도움이 되는 곤충. 무늬가 화려해 '○○벌레'라는 이름이 붙었다. #선○○이사람

정답 : 111쪽

잡는다

6. "아침이면 일어나 창을 열고 / 상쾌한 공기에 나갈 준비를 하고 / 한 손엔 뜨거운 커피 한 잔을 든 채 / 만원버스에 내 몸을 싣고 / 귀에 꽂은 익숙한 라디오에서 / 사람들의 세상 사는 즐거운 사연 / 들으면서 하루가 또 시작되죠" #god #어떡하죠나그대를잊고살아요

7. 3월 14일은 ○○ 주고받는 날.

8. 발레단에서 최고의 위치에 있는 여성 무용수를 가리키는 말. #강수진 #비보이를사랑한○○○○

9. 소련에 속해 있었으나, 구소련이 해체되면서 1991년 독립한 국가. 터키와 아제르바이잔 사이에 있다.

10. 일본 열도를 구성하는 네 개의 섬 중 가장 남쪽에 위치한다. 후쿠오카, 나가사키, 가고시마 등이 여기에 속한다.

11. 2017년 tvN에서 방영된 16부작 범죄 드라마. 조승우, 배두나, 유재명 등의 연기력과 빈틈없는 각본으로 호평을 받았다.

12. 만화 〈피너츠〉에서 주인인 찰리 브라운과 함께 등장하는 강아지.

13. 휘발유보다 저렴한 '경유'의 다른 이름. #루돌프○○

14. "밤새 모니터에 튀긴 침이 마르기도 전에 강의실로 / 아 참 교수님이 문신 땜에 긴 팔 입고 오래 / 난 시작도 전에 눈을 감았지 / 날 한심하게 볼 게 뻔하니 이게 더 편해 / 내 새벽은 원래 일몰이 지나고 하늘이 까매진 후에야 해가 뜨네 / 내가 처량하다고 다 그래 / 야야 난 쟤들이 돈 주고 가는 파리의 시간을 사는 중이라 전해 / 난 이게 궁금해 / 시계는 둥근데 날카로운 초침이 내 시간들을 아프게 / 모두가 바쁘게 / 뭐를 하든 경쟁하라 배웠으니 우린 우리의 ○○로 도망칠 수밖에" #우원재 #로꼬 #그레이

15. AOA의 멤버 중 하나로, SK텔레콤 광고모델로 활동하며 실사 크기의 '입간판'이 크게 화제가 됐다.

22

1. 밀가루 음식을 제대로 소화하지 못하는 알레르기 질환. 몸이 밀가루 속에 포함된 '글루텐' 성분을 받아들이지 못해 영양분 소화 및 흡수가 힘들어져 설사, 피로감 등을 유발한다. FC 바르셀로나의 축구선수 라키티치가 이 질환을 앓고 있다고 알려져 있다.

2. 김치의 한 종류로, 몹시 피곤한 상태일 때 '내 몸이 ○○○가 되었다'라고 비유적으로 표현한다.

3. 몇 년 전 온라인 공간에서 유행한 '설명충' 캐릭터. 설명이 필요할 때 나타나 정보를 알려주고 사라진다. "도와줘요, ○○○○○!" #나는참견쟁이

4. 국민보호와 공공안전을 위한 ○○○○○. 보통 다섯 글자로 줄여 부른다. 2016년 국회의장이 직권상정 처리한 이 법을 막기 위해 야당은 필리버스터를 시작했다.

5. 국내 대표적인 장의 서비스 전문업체. 상조 회사 하면 가장 먼저 떠오르는 브랜드 중 하나가 됐고, 배우 전광렬, 독고영재, 김해숙 등이 광고모델로 활동했다.

6. 인기 소년만화의 하나로, 2001년 연재를 시작해 2016년 가을에 74권으로 완결되었다. '원나블' 중 '블'이다. #원피스 #나루토 #그리고?

7. ①위안부 피해자 9명의 판매금지 가처분 신청 및 민형사소송 제기. ②검찰, 형법상 명예훼손죄로 기소. ③190명의 교수, 언론인, 문화예술인들이 검찰의 기소 결정을 비판하는 성명 발표. #박유하

8. 알싸한 매운맛을 내고 녹색을 띤 일본의 향신료. 한국어로는 '고추냉이'로 순화해 부른다.

9. 세로로 부는 관악기로, 구멍은 뒤에 1개, 앞에 5개가 있다. 洞簫라 쓰고 ○○라 읽는다.

10. 다른 사람의 명의를 도용해 개통한 휴대전화를 이르는 말. 주로 범죄자들이 수사기관의 추적을 피하기 위해 사용한다. 그런데 지난 국정농단 당시 박근혜 대통령이 이것을 사용했다고 보도되어 국민들의 분노를 샀다.

11. 20세기 미스터리를 대표하는 미국의 추리 작가. 프레데릭 대니와 맨프레드 리 두 사람이 하나의 필명을 같이 쓴다. 이 필명은 작품에 등장하는 탐정 이름이기도 하다.

12. 한국에만 서식하는 물고기. 하천 중상류의 맑은 물에서 산다. 1999년에 개봉해 600만 관객을 동원한 한국 영화 제목. #최민식 #한석규 #송강호 #김윤진

13. '출세하여 세상에 이름을 크게 떨치다'라는 뜻의 사자성어. 유교 사회에서 전통적으로 이것을 부모에 대한 '효'로 여겼다. 서다 ○, 몸 ○, 날릴 ○, 이름 ○.

14. 어릴 때 달걀을 품는 등 기이한 행동을 했으나 훗날 세계 최고의 '발명가'가 된 위인. #실패는성공의어머니 #천재는99%의노력과1%의영감으로이루어진다

15. 한국의 포크 음악을 대표하는 이름으로 손꼽히는 뮤지션 겸 시인. "나는 고독의 친구 방황의 친구 / 상념 끊기지 않는 번민의 시인이라도 좋겠소."

1. 다리꼬지마 - 매력있어 - 못난이 - 라면인건가 - 외국인의 고백 - 200% - Give Love - 사람들이 움직이는 게 - 오랜 날 오랜 밤 - 리얼리티 - DINOSAUR.

2. 가을·겨울에 입으면 좋은 옷의 종류. 양털처럼 부드럽고 포근한 느낌을 주는 직물로 만들어졌다. #유니클로 #아디다스 #스파오

3. 조선 최초의 천주교 신부. 천주교 박해에도 굴하지 않고 포교를 위해 희생했고, 반역죄로 사형을 선고받은 지 하루 만에 참수되었다.

4. 원래 '무서운 아이'를 뜻하는 프랑스어지만, 어린 나이에도 불구하고 뛰어난 실력으로 선배들을 압도하는 기대주를 가리킬 때 쓰는 말이다. 축구선수 고종수가 신인 시절 이 별명으로 불렸다.

5. 중국에서 가장 인기가 많은 소셜 네트워크 서비스. '중

정답 : 111쪽

국의 트위터'로 불리고, 실제로도 트위터와 비슷한 부분이 많다. 트위터나 페이스북 접속이 차단된 중국에서 SNS를 하려면 이걸 쓸 수밖에 없다. #시나○○○

6. 최근 들어서는 '대박이 아빠'로 더 유명해진 K리그의 레전드 스트라이커. K리그 통산 최다골 기록을 갖고 있으며, 40세의 나이에도 아직 선수 생활을 더 할 수 있을 것으로 보인다. 월드컵과는 이상하게 인연이 없어 불운의 선수라는 이미지가 있었으나, 최근 몇 년간 그라운드와 가정에서 성공적인 모습을 보여주고 있다.

7. 가장 작은 개의 품종으로 유명하다. 크기는 작지만 다부지고, 애교 많고, 충성심이 높다. #산체

8. "그래요 난 / 난 꿈이 있어요 / 그 꿈을 믿어요 / 나를 지켜봐요 / 저 차갑게 서 있는 운명이란 벽 앞에 / 당당히 마주칠 수 있어요 / 언젠가 난 그 벽을 넘고서 / 저 하늘을 높이 날 수 있어요 / 이 무거운 세상도 나를 묶을 순 없죠 / 내 삶의 끝에서 나 웃을 그날을 함께해요" #카니발

9. 흥부전에 등장하는 새. 흥부가 다리를 고쳐준 뒤, 보물이 쏟아져 나오는 박씨를 물어다 주며 은혜를 갚는다. 돈 많은 여자를 유혹하는 남자를 비유적으로 부를 때 쓰이기도 한다.

10. 〈쥬라기공원〉 〈펄프픽션〉 〈딥블루씨〉 〈스타워즈〉 〈다이하드3〉 〈재키 브라운〉 〈어벤져스〉 〈장고〉 〈킹스맨〉. 출연하는 영화마다 찰진 욕을 하는 것으로도 유명하다.

11. '신의 물방울'을 감별하고 음식점에서 손님들에게 추천해주는 직업.

12. 왕이 병들거나 나이가 많아 국가 운영을 제대로 하기 힘들 때 세자가 대신 정사를 돌보는 것을 이르는 말.

13. 태평양 다음으로 큰 바다. #Atlanticocean

14. 24절기 중 첫 번째로, 2019년은 양력 2월 4일이다.

15. 온갖 잡념에서 벗어나 순수한 마음 상태로 돌아가기 위한 행동. 불교, 힌두교 등 종교에서 수행할 때 흔히 하는 것이나, 최근 들어서는 마음 수행을 위해 많이들 하고 있다. "잠은 가장 훌륭한 ○○이다." #Meditation

23

1. 달면 삼키고 쓰면 뱉는다.
2. ①'달콤한 비밀통화'라는 부제를 달고 방영되었던 예능 프로그램으로, '익명의 상대방과의 비밀통화를 통해 교감, 소통하는 폰중진담 리얼리티'를 표방한다. ②백지영+옥택연.
3. 핵심만 간단히 요약해 보고하거나 설명하는 것을 가리키는 말. "오늘 오전 10시에 주간 ○○○이 있겠습니다."
4. Demilitarized Zone. 국가간 협약에 의해 무장이 금지된 구역을 가리키는 말. 한반도 역시 휴전선을 중심으로 이 구역이 설정되어 있다.
5. 야구 경기에서 '왼손 투수'를 가리키는 별칭. 혹은 일반적으로 왼손잡이를 부를 때 쓰이기도 한다. #류현진 #김광현 #이적?
6. 세상 모든 것을 싫어하고 부정적으로 보는 것. 타고난 다기보다는 낙천적이었던 사람도 희망이 좌절되고 각종 모순과 부조리를 목격한 후 '○○○○자'가 되는 경우가 많다. "나는 모든 편견으로부터 자유롭다. 나는 모든 사람을 동일하게 증오한다." #쇼펜하우어 #스탠리큐브릭
7. 안중근 의사가 하얼빈에서 암살한 일본의 정치가. #이토히로부미 #伊藤博文
8. "클라우드 주세요! 없어요? 그럼 드라이피니ㅅ… 없어요? 설마 카스도 없어요? 에이 그럼 그거 주세요." #참고로저는○○○도좋아합니다
9. 여름에 평지에서 재배하기 힘든 배추·무 등의 재배가 가능한 서늘한 기후 조건의 지역을 이르는 말. #지리시간에배웠잖아
10. 흥을 돋우기 위해 노래나 춤 사이사이에 박자를 맞추어 내는 감탄사. #얼씨구절씨구○○○좋다
11. 약 4km의 거리를 가리키는 말. "나를 버리고 가시는 님은 ○○도 못 가서 발병 난다"
12. 북한에서 상품을 사고 파는 곳을 가리키는 말. 보통 '시장'과 같은 뜻이지만 북한의 특수한 상황을 고려해 '○○○'이라 부른다.
13. 2003년 유네스코 인류무형문화유산으로 등재된 한국의 전통예술. 북 치는 '고수'의 장단에 맞추어 '소리꾼'이 노래, 말, 몸짓을 섞어 이야기를 풀어낸다. #춘향가 #서편제
14. 빙판길 운전만큼이나 위험하지만 대수롭지 않게 생각하는 경우가 많아 특히 더 조심해야 하는 것. 이것을 하면 차가 미끄러지기 쉽고 제동거리도 평상시보다 길어진다.
15. 뜻밖의 사고로 제 수명을 다하지 못하고 죽는 것을 가리키는 사자성어. 아닐 ○, 목숨 ○, 가로 ○, 죽을 ○.

1. [세로 4번 열쇳말]을 승리로 이끌며 나라를 위기에서 구해낸 고려시대의 장수. 서울 낙성대공원에는 그의 공적을 기리기 위한 동상이 세워져 있다.
2. 2016년 개봉한 영화 〈수어사이드 스쿼드〉에서 '할리 퀸'을 연기하고, 2018년 개봉한 영화 〈아이, 토냐〉에서 비운의 피겨선수 '토냐 하딩'을 연기한 할리우드 배우.
3. 인도양 북부 수많은 섬으로 이루어진 국가 "모히또 가서 ○○○ 한 잔?" #내부자들 #티파니에서아침을
4. 고려시대에 거란의 명장 소배압이 이끄는 군사를 거의 몰살시켜버린 전투.
5. 2014년에 한국판 서비스로 공식 출범한 인터넷 신문. 다양한 칼럼니스트가 집필하는 블로그의 형태를 띠고 있으며 정치, 엔터테인먼트, 라이프 등 폭넓은 주제를 다룬다.
6. 2016년 2월 19일 타계한 작가 움베르토 에코가 쓴 추리소설. 세계적인 기호학자로서 명성을 누리던 그는 여자친구의 권유로 이 소설을 집필하게 됐다.

정답 : 111쪽

7. 중세 시대 유럽 전역을 휩쓴 급성 전염병. 작가 알베르 카뮈는 이 일을 자신의 작품 《페스트》에 담아냈다.
8. 제가 알레르기 ○○ 환자라서 잘 아는데요, 꽃가루가 날리거나 감기 걸려서 심할 땐 정말 코를 뜯어버리고 싶어요.
9. "내 이름이 ○○○○라고 해서 내 다리가 세 개뿐일 거라고 착각하지 마. 다리가 가늘어서 붙은 이름이라고!"
10. 〈500일의 썸머〉〈인셉션〉〈50/50〉〈다크 나이트 라이즈〉〈루퍼〉〈링컨〉〈하늘을 걷는 남자〉〈스노든〉 #조토끼
11. 베스트셀러 《책은 도끼다》《여덟 단어》의 저자이자 대한민국에서 유명한 광고인 중 한 명. #잘자내꿈꿔 #사람을향합니다
12. Carbon Dioxide. 인간을 포함해 산소로 호흡하는 대부분의 동물이 호흡할 때 내뱉는 물질.
13. 월드컵 토너먼트에서 90분 동안 승부를 가리지 못할 경우 전후반 30분에 걸쳐 추가 시간을 갖는 제도. 이 30분 동안에도 승자가 결정되지 않으면 '승부차기'에 돌입한다.
14. ①다른 신을 섬기지 말 것. ②우상을 섬기지 말 것. ③하나님의 이름을 함부로 부르지 말 것. ④안식일을 거룩하게 보낼 것. ⑤부모를 공경할 것. ⑥살인하지 말 것. ⑦간음하지 말 것. ⑧도둑질하지 말 것. ⑨거짓 증언을 하지 말 것. ⑩이웃의 집을 탐내지 말 것.
15. 대법원을 제외한 각급 법원의 법관을 가리키는 말. "○○는 헌법과 법률에 의하여 그 양심에 따라 독립하여 심판한다."

24

가로 열쇠

1. Palme d'Or. 칸 영화제의 최고 작품에 수여하는 1등 상. 심사위원대상이 그다음 격이다. #어느가족 #패왕별희 #펄프픽션 #피아니스트 #가장따뜻한색블루 #올드보이는심사위원대상

2. 故 박경리 작가의 대표작이자, 한국 문학계의 걸작으로 꼽히는 대하소설. 작가가 무려 26년간 집필에 매달렸고, 그래서 5부 25권에 달할 정도로 길다.

3. "술 마시고 노래하고 춤을 춰봐도 가슴에는 하나 가득 슬픔뿐이네 / 무엇을 할 것인가 둘러보아도 보이는 건 모두가 돌아앉았네 / 자 떠나자 동해 바다로 삼등 삼등 완행열차 기차를 타고~" #송창식

4. 적군의 탄도미사일을 실시간으로 탐지하고 가차 없이 선제 타격하는 방어 체계로, 한국군이 북한군에 대응하기 위해 구축 중이다. 이 방어 체계가 구축될 수 있을지 귀추가 주목된다.

5. 1988년 서울 올림픽 개최를 앞두고, 대한민국 정부가 대대적인 부랑자 단속에 나서면서 설립된 국내 최대의 부랑자 수용시설. 부산에 위치한 이곳에서는 부랑자뿐 아니라 무고한 시민까지 불법 감금하고 강제 노역을 시키는 등 인권유린이 자행되었다.

6. 2003년 데뷔한 힙합 그룹. 1집은 크게 주목받지 못했으나 2집이 크게 성공했고, 이후 가장 대중적이면서도 완성도 높은 음악을 만드는 힙합 뮤지션으로 자리매김했다. #평화의날 #Fly #우산 #BornHater

7. 뿌리 모양이 사람과 비슷하게 생긴 식물. 보통 원기를 보충하는 약의 재료로 많이 쓰인다. 기본적으로 쓴맛이지만 씹다 보면 살짝 단맛도 난다. #삼계탕

8. 핫소스의 대명사. 톡 쏘는 향과 강한 매운맛으로 피자 가게에 가면 테이블 위에 파마산 치즈와 함께 놓여 있는 걸 볼 수 있다.

9. 광고를 목적으로 특정 글이나 그림 따위를 매달아 하늘 높이 띄운 풍선.

10. 《금각사》《가면의 고백》 등을 쓴 일본의 소설가. 소설가 신경숙이 그의 작품 《우국》을 표절했다는 논란에 휘말리기도 했다. "첫날밤을 지낸 지 한 달이 넘었을까 말까 할 때 벌써 레이코는 기쁨을 아는 몸이 되었고, 중위도 그런 레이코의 변화를 기뻐하였다." by ○○○ ○○○

11. 10원짜리 팬티를 입고 20원짜리 칼을 찬 사람. #아아아~

12. UEFA 챔피언스리그 우승팀에게 주어지는 트로피의 이름. 3회 연속 우승하거나 통산 5회 우승할 경우 이 트로피가 영구 수여된다. #레알마드리드 #바르셀로나 #바이에른뮌헨 #리버풀 #AC밀란 #아약스

13. 일정한 가로세로 패턴으로 수를 놓아가며 완성하는 전통 수공예. 시간이 오래 걸리기 때문에 '정성들인 선물'의 대표격으로 꼽힌다. #쿠션장식 #이불장식

14. 인도 최대의 경제도시. 영국인들이 '봄베이'라고 이름을 바꿨으나 1995년에 원래 이름으로 돌아갔다.

15. 배우 박보검과 김유정이 함께 출연한 KBS 드라마. 동명의 웹소설이 원작이다.

세로 열쇠

1. 조선의 역대 왕과 왕비들의 신위를 모신 사당. 현재 서울시 종로구에 위치해 있으며 1995년 유네스코 세계문화유산으로 등재되었다.

2. 대법원이 맡은 사건 중 비교적 단순한 사건들을 별도로 맡는 법원. 2014년 '○○○○' 설치 법안이 발의됐으나 실행되지 못하고 2016년 폐기되었다. 최근 양승태 전 대법원장이 이 제도를 추진하는 과정에서 청와대의 비위를 맞추기 위해 판결에 영향력을 행사했다는 '사법농단' 의혹이 일고 있다.

3. 예전에 미세먼지 없을 때는 이것만 조심하면 됐는데….

정답 : 111쪽

4. 《보물섬》의 작가 로버트 루이스 스티븐슨이 쓴 소설을 원작으로 한 뮤지컬. 두 주인공이 대립하는 것 빼고는 원작과 내용이 많이 다른 편이다. 조승우, 류정한, 홍광호 등 인기 뮤지컬 배우들이 열연해 국내에서 특히 많은 사랑을 받은 작품이다.

5. 사람을 먹는 식습관을 가진 종족을 가리키는 말. #나는 맛이없어요 #살려주세요

6. 북쪽으로 러시아, 서쪽으로 조지아와 아르메니아, 남쪽으로 이란이 위치하는 서아시아 국가. 수도는 '바쿠'다.

7. 보각국사 일연이 신라, 고구려, 백제 세 나라의 이야기 위주로 집필한 역사서. '정사' 위주인 《삼국사기》와 달리 '야사' 위주이기 때문에 소중한 가치를 지닌다. '고조선'과 '단군신화'에 대한 서술이 포함되어 있다.

8. 〈개그콘서트〉의 뒤를 이은 서바이벌 공개 코미디. 이국주, 이진호, 양세형, 박나래 등의 활약으로 한때 개콘 못지않은 인기를 누렸으나 코미디 프로그램의 침체로 예전만큼의 인기는 누리지 못하고 있다. #충청도의힘

#아메리카노 #사망토론

9. 마포 - 공덕 - ○○○ - 충정로 - 서대문. #5호선

10. 농심에서 만든 과자로, 얼핏 보면 '와플'과 비슷하게 생겼다. 피자맛 양념이 묻어 있지만 과자 이름에는 '피'자가 들어가지 않는다.

11. 오랫동안 비가 내리지 않거나 적게 내려 땅이 메마르고, 농사에 차질이 생기는 현상. "○○에 단비 같은 골이 드디어 터졌습니다!"

12. 만화영화 〈꾸러기 수비대〉를 봤다면 잊을 수 없는 것. 똘기, 떵이, 호치, 새초미, 자축인묘! 드라고, 요롱이, 마초, 미미, 진사오미! 몽치, 키키, 강달이, 찡찡이, 신유술해!

13. 물고기를 기르는 큰 어항 또는 관상 목적으로 물고기를 비롯한 각종 수상생물을 관찰하고 체험까지 할 수 있는 대형시설. #아쿠아리움

14. '여자 스님'을 가리키는 말.

15. 전 세계 경제의 기축통화 역할을 하고 있는 미국의 화폐. 1792년 미국의 공식 화폐 단위로 지정되었다.

25

1. 제2차 세계대전 당시 나치 독일이 유대인을 비롯한 반대 세력을 강제로 수용한 곳으로, 400만 명에 이르는 사람들이 이곳에서 학살당했다. 폴란드에 있으며, 1979년 유네스코 세계문화유산으로 등재됐다.

2. 역사가 가장 오래된 청바지 브랜드. 국내에서는 게스, 캘빈클라인 등에 밀린 형국이나, 미국 본토에서는 여전히 이 브랜드의 영향력이 강하다.

3. 중국 사회의 면면을 고스란히 카메라에 담아내는 영화감독. 그의 작품은 오랫동안 중국에서 상영이 금지되었지만 2015년에 〈산하고인〉은 개봉되어 크게 흥행했다. #스틸라이프 #천주정

4. 한강의 11번째 다리. 부실 공사 때문에 1994년 10월 21일 무너져 국민들에게 큰 충격을 줬고, 붕괴 2년 8개월 만인 1997년 재개통되었다.

5. 조선의 3대 임금인 태종이 지은 이래, 경복궁과 함께 조선을 대표하는 궁궐로 꼽힌다.

6. '그림'과 '전보'의 합성어로, 언어를 초월해 직감으로 사물·시설·개념 등을 이해할 수 있도록 표현된 그래픽 심벌을 뜻한다.

7. JTBC 〈뉴스룸〉의 간판 코너. 생동감을 살리기 위해 앵커와 기자가 대화를 주고받는 형식으로 진행한다. #세상을바로읽는진실의힘 #김필규 #오대영

8. 1990년대 초반 시리즈로 만들어진 국내 액션영화로, 임권택 감독이 연출했다. 일제강점기의 이름난 '깡패'였던 김두한의 이야기를 다룬 소설이 원작.

9. 쿠바의 전통 춤. 1930년대 북아메리카, 유럽 등지로 전파되어 사교춤으로 유행했다. 봉고, 콩가 등 라틴아메리카 타악기들이 쓰인다.

10. 교통의 요지로 과학도시, 행정도시, 군사도시 등 여러 수식어가 붙는 대한민국의 광역시. 가까운 거리에 세종특별자치시가 출범하면서 광역도시권을 형성할 것으로 보인다. #엑스포의조상님 #한화이글스

11. 음악, 무용, 기예 등이 한데 어우러진 일본의 전통연극. ○○○라는 단어 자체는 '색다른 모습으로 자유롭게 행동한다'라는 뜻이다. 최근 들어 얼굴 화장을 지나치게 하얗게 한 사람을 놀릴 때 이 단어를 쓰기도 한다.

12. 인도에서 가장 큰 영향력을 가진, 또 가장 존경받는 위인. 인도의 모든 지폐에는 이 사람의 얼굴이 그려져 있다. #마하트마○○ #비폭력불복종운동

13. 티베트에서 시작해 미얀마, 라오스, 타이, 캄보디아, 베트남 등을 거쳐 남중국해로 흘러드는 강이다. 동남아시아 최대 규모의 강이기도 하다.

14. 《나의 눈부신 친구》《새로운 이름의 이야기》《떠나간 자와 머무른 자》《잃어버린 아이 이야기》 등 나폴리 4부작을 쓴 작가.

15. 1990년대 초중반에 소위 '신세대'를 지칭할 때 쓰이던 말. '한 가지로 규정할 수 없다' '이해하기 힘들다'는 뜻으로 이런 이름이 붙었지만, 이것도 이젠 흘러간 옛 단어가 되었다. #○○○○최신가요

1. 홋카이도 조선학교에 재학 중인 재일조선인 학생들의 일상을 담아낸 김명준 감독의 다큐멘터리. 이 학교는 해방 직후 북한 국적의 재일조선인 1세들이 일본에서 살아갈 후손을 위해 세운 것. 일본인들의 곱지 않은 시선을 받으면서도 꿋꿋하게 자신의 정체성을 지키며 살아가는 학생과 교사들의 모습을 담았다.

2. '역시'라는 뜻의 일본어로, 몇 년 전부터 국내 인터넷 커뮤니티에서 자주 사용되고 있다. #○○○유느님!

3. 황정민 주연 영화 〈공작〉이 모델로 삼은 공작원 박채서의 암호명. 그는 '광고 촬영'으로 위장해 여러 번 북한을 방문했고 김정일을 직접 만났다.

4. 후진타오&원자바오 → 시진핑&○○○

정답 : 112쪽

5. 미술시간에 공예를 할 때 꼭 사가야 했던 준비물. 찰흙과 비슷하지만 좀 더 가볍고 연한 색을 띈다.

6. 계유정난을 일으켜 조카 단종에게서 왕위를 빼앗고 '세조'가 된 인물. 왕이 되기 전까지는 'OOOO'으로 불렸다. #내가왕이될상인가

7. 한글 글꼴 중 하나로, 조선시대 때 궁녀들이 쓰던 한글 서체다. 2010년대 초반 온라인에서는 '진지함'을 강조하는 서체로 장난처럼 쓰이기도 했다.

8. 미셸 푸코, 자크 데리다, 움베르토 에코 등 현대 지성사의 핵심적인 인물들에게 큰 영향을 끼친 20세기 라틴 문학 대표 작가 호르헤 루이스 보르헤스의 단편소설집. 허구를 주제로 가상과 실재, 기억과 환상을 경계를 넘나들며 낯선 풍경을 보여준다.

9. 2명으로 구성된 힙합 프로듀서팀. 〈고등래퍼〉 시즌 2에 출연한 김하온의 우승에 일조했다. '그룹 이름'을 뭘로 할지 고민하다가 그냥 '그룹 이름'과 비슷한 이 영어 단어를 쓰게 되었다고 한다. #붐붐

10. 19세기 중반 러시아와 오스만튀르크를 비롯한 4개 연합군(영국+프랑스+사르데냐 왕국)이 3년간 벌인 전쟁. 이 전쟁에서 패한 러시아는 흑해에서 행사하던 군사적 권리를 상당 부분 잃었다.

11. 북으로 세력을 확장하는 고온 다습한 성질의 북태평양고기압과 북쪽의 차고 습한 오호츠크해고기압 사이에 형성된 전선이 우리나라 부근에 위치하면서 시작된다.

12. 목욕탕에 들어갈 때 물이 넘치는 것을 보고 '순금인지 아닌지 판별하는 방법'을 깨닫고는 '유레카!'를 외친 일화로 유명한 고대 그리스의 수학자 겸 물리학자.

13. 끈질기게 살아남는 것으로 악명이 높은 곤충. 집 안에 이게 생기기 시작하면 '완전 퇴치'하기가 쉽지 않다. #제발좀나타나지마

14. 봄이나 가을에 두꺼운 외투 대신 걸치는 니트 소재의 겉옷으로, 보통은 단추가 달려 있다.

15. 1885년 처음 판매를 시작한 미국의 탄산음료 브랜드. 콜라나 사이다에 비해 호불호가 갈리는 맛이다.

26

가로 열쇠

1. 대항해 시대 당시, 유럽에서 아프리카 희망봉을 돌아 인도로 가는 항로를 개척한 포르투갈의 탐험가. 브라질의 축구클럽과 이름이 비슷하다.

2. 2017년 시즌 1이 방영된 이래, 네티즌의 폭발적인 호응으로 시즌 3까지 제작된 웹드라마. 정식 명칭은 8글자이지만 세 글자 '○○○'로 줄여 부르는 경우가 많다.

3. 마블 코믹스 최초의 흑인 슈퍼히어로이자 마블 시네마틱 유니버스 최초의 흑인 주연 영화. 와칸다 왕국의 왕으로, 초인적인 신체능력을 보유하고 있다. #트찰라 #와칸다포에버 #채드윅보즈먼

4. 국내에서 가장 인지도가 높은 도시락 브랜드. 가격이 저렴하고 종류가 많아서 주머니 사정이 넉넉하지 않은 학생들이 자주 사 먹는다. 최근 몇 년간 리뉴얼을 거친 후 가성비가 떨어졌다는 비판도 있다. #치킨마요

5. 2013년 개봉한 한국 누아르영화. "부라더~." "드루와 드루와." "살려는 드릴게." "거, 죽기 딱 좋은 날씨네." 등 주요 명대사들이 자주 패러디되었다.

6. 법정스님이 1972년 펴낸 수필집. 법정스님이 "내 이름으로 출판된 책을 더 이상 출간하지 말라."라는 유언을 남겨 한때 이 책의 가격이 치솟기도 했다.

7. 1987년 '민주, 민족, 통일'을 내걸고 창간한 언론사. 경향신문과 함께 진보 성향의 언론으로 분류된다.

8. 하드디스크, USB 등 디지털 증거물을 분석할 때 활용하는 과학수사 기법. 용의자가 고의로 증거인멸을 시도했을 때, 삭제된 내용을 복구할 수 있다.

9. 완전히 몰입하여 사물과 내가 하나가 된다. #○○○○ 의경지

10. 미국 항공우주국(NASA)가 2011년 발사해 2012년 8월 화성에 착륙한 화성 탐사 로봇. 이 로봇은 화성을 찍은 사진과 영상을 지구로 전송해오고 있다.

11. 은지원, 에릭, 온유, RM, 강승윤, 소진, 박초롱, 아이린, 지민, 솔지, 솔라, 소원, 지효….

12. 성우 출신의 방송인으로 〈SNL 코리아〉 〈마이 리틀 텔레비전〉 〈두니아 : 처음 만난 세계〉 등에 출연했다. "○어어○우우우○이이이씨이이이이이이~."

13. 마블 세계관 속에 등장하는 가상의 금속 물질. 거의 모든 에너지 공격을 튕겨낼 정도로 방어력이 뛰어나서 캡틴 아메리카의 방패, 블랙팬서의 슈트 등에 쓰임.

14. 독일의 운동연구가 요제프 ○○○○가 제1차 세계대전 때 포로들의 건강관리를 위해 개발한 운동법. 자세를 유지하고 버티는 운동이라 코어 근육을 발달시키고 몸의 라인을 잡아주는 데 효과가 있다. #다이어트

15. 전자력의 이동 방향을 설명할 때 쓰이는 ○○○의 왼손 법칙, ○○○의 오른손 법칙. #존앰브로즈○○○

세로 열쇠

1. 흑해와 카스피해 사이에 위치한 지역 일대를 가리키는 말로, 가운데 '○○○○산맥'을 기준으로 위쪽은 러시아 영토이고 아래쪽에는 아제르바이잔, 조지아, 아르메니아 등의 나라가 자리 잡고 있다.

2. 인권과 자유, 차별 철폐와 페미니즘, 동성혼 법제화 등을 위해 우리보다 앞서 헌신했던 이들을 환기하고자 한국일보에 연재했던 부고 기사를 엮은 책. "동시대를 살아 고맙고 오래 아로새겨질 서른다섯 명의 부고" "덜 알려졌기에 더 알려져야만 하는 사람들" #최윤필

3. 잘 맞물려 있어야 할 두 가지가 서로 어긋나 동떨어져 있는 것처럼 느껴지는 마음을 가리키는 말. "제가 연기한 캐릭터는 평소 성격과 달라서 ○○○이 좀 있어요."

4. ①음료를 담아 마실 때 사용하는 손잡이가 없고 길쭉한 개인 용기. "○○○에 담아 드릴까요?" ②"잠깐 구경하러 왔다가 눌러앉게 될걸요"라는 문구로 스스로를 소개하는 소셜 네트워크 서비스.

5. 동경 백삼십이 북위 삼십칠… / 오징어 꼴뚜기 대구 명

정답 : 112쪽

태 거북이…/ 지증왕 십삼년 섬나라 우산국….

6. 두 국가가 외교 관계를 수립하기 위한 전 단계 성격으로 상호간에 설치하는 것. 남북 정상회담 때 남북 공동 ○○○○○를 개성에 설치하기로 했으며, 문재인 대통령은 "여건이 되면 각각 상대방 지역에 ○○○○○를 두는 것으로 발전할 수도 있다."라고 덧붙였다.

7. 영국의 전설적인 록 밴드 퀸(Queen)의 리드 보컬. 타고난 재능과 음악에 대한 열정으로 밴드를 이끌었다. 1991년 사망한 그의 삶을 조명한 영화 〈보헤미안 랩소디〉가 국내에서 크게 흥행했다.

8. 그리스 신화에 나오는 매혹적인 님프. 절벽과 암초들로 둘러싸인 섬에서 노래를 불러 배를 타고 지나가는 선원들을 유혹한다. #안테모사 #오디세이아

9. 본업은 미술사학자 겸 교수. 《나의 문화유산답사기》의 저자로 가장 널리 알려져 있다. 노무현 정부에서는 문화재청장을 맡았고, 문재인 정부에서는 광화문시대 자문위원을 맡았다.

10. ①김포, 방화, 가양, 양화, 원효, 동작, 반포, 한남, 올림픽. ②한국인 최초 맨부커상 수상. ③강북과 강남을 가르는 기준.

11. 지구의 생물계는 보통 동물, ○○ 그리고 미생물과 같은 '균류'로 구분된다. '○○'은 세포벽이 있고, 광합성을 하며, 자력으로 이동하지 않는 특징을 띤다.

12. 유럽, 아프리카, 북아메리카, 남아메리카, 오세아니아, ○○○.

13. 배스킨라빈스 31의 주요 메뉴 중 하나. 스테디셀러 '엄마는 외계인', 호불호가 갈리는 '민트 초코칩', 치즈케이크가 들어 있는 '바람과 함께 사라지다', 팝핑 캔디가 톡톡 터지는 '슈팅스타', 색깔이 예쁜 '○○○○○'

14. 주요 언론들이 떠들썩하게 보도하는 것을 가리키는 말. 큰 ○, 글 ○, 특별할 ○, 붓 ○.

15. '모르는 사이에 조금씩'을 뜻하는 순우리말 부사.

27

1. '노동하지 않고 벌어들이는 이익'을 가리키는 말. 복권 당첨금을 비롯해 이자, 배당금, 임대료, 부동산 매매 차익, 상속받은 유산, 각종 연금 등이 여기에 해당된다. 경제학자 애덤 스미스는 '가장 좋은 세금은 ○○○○에 대한 세금'이라 말했다.

2. 멀티플레이를 즐길 수 있는 축구게임 중 가장 인기가 높은 게임 시리즈. 2018년 출시된 네 번째 시리즈는 'Live&Breathe Football'이라는 슬로건을 내걸었다.

3. 악명 높은 지옥의 약. 그러나 No pain, no gain. #알아보고칠해라 #아프니까○○○이다

4. 아이유가 직접 쓴 노래 'Zeze'의 가사, 사진작가 로타의 사진, 블라디미르 나보코프의 장편소설, 스탠리 큐브릭이 만든 영화.

5. 1997년 서울시 무교동에서 창업한 이후 '사 먹는 토스트'의 대표 격으로 자리 잡은 토스트 브랜드. #나는떡을썰테니너는토스트를만들거라

6. 다른 기계장비 없이 사람의 입으로 디제잉 사운드를 흉내 내는 것을 일컫는 말. 어설프게 흉내 내는 사람은 많지만 제대로 하긴 쉽지 않고, 무엇보다 침이 엄청 튄다. #북치기 #박치기

7. '신의 은총'을 뜻하는 그리스어에서 유래한 말. 막스 베버는 지배의 형태를 '합리적 지배' '전통적 지배' '○○○○적 지배'로 분류했다.

8. 한미 양국의 공군이 합동으로 진행하는 연합 훈련. 2009년부터 연 2회 정기적으로 실시하고 있다. 2018년 5월 북한은 비핵화 절차를 밟는 과정에서 이 훈련을 빌미로 고위급 회담을 하지 않겠다고 발표했다.

9. 대중적인 멜로디 메이킹 능력과 시적인 가사로 인정받아온 힙합 뮤지션. #난이세상의밑바닥이아닌밑받침 #한숨은쉬어도내꿈은절대쉬지못해

10. ①걸그룹 트와이스의 팬덤 이름. ②2007년 한국에서 개봉해 'Falling Slowly' 신드롬을 일으킨 영화.

11. 한국에서는 '안녕하세요', 중국에서는 '니 하오', 영국에서는 '헬로', 프랑스에서는 '봉쥬르'. 인도와 네팔에서는? '나는 당신에게 고개를 숙인다'라는 뜻을 담고 있다.

12. 삶이 바뀌게 된 계기 혹은 그 전환점을 가리키는 영어식 표현. "데뷔 후 줄곧 무명이던 그는 이 작품에 출연한 후 ○○○○○를 맞이했다."

13. 세비야, 레알 마드리드 등에서 활약한 스페인 국적의 축구선수. 수비수임에도 발이 빠르고 공중볼을 잘 따내 최근 몇 년간 최고의 센터백으로 손꼽혀왔다. #세르히오○○○ #리그우승4회 #챔피언스리그우승4회

14. 어린 아이들에게 '죽음'에 대해 설명할 때 흔히 대는 핑계. "응, 할머니는 ○○○○로 가셨어."

15. 듣기 좋으라고 하는 입에 발린 말을 가리키는 영어식 표현.

1. 나일강 하구에서 프랑스 군인이 발견한 비석. 이후 이 비석을 연구했고 수천 년간 잊고 지낸 이집트 상형문자를 해독하는 데 열쇠 역할을 했다.

2. 일부러 온몸에 피를 칠한 것처럼 피투성이가 된 모양을 가리키는 말. 좀비영화나 공포영화에서 이런 끔찍한 상태를 흔히 볼 수 있다.

3. 데운 물을 매트 안에 연결된 호스로 보내서 온돌 효과를 얻는 원리의 난방기구.

4. "사랑에 빠진 사람의 눈빛을 알고 있는 사람이라면 그녀들이 다음엔 어떤 표정을 지을지 궁금해 눈을 뗄 수가 없을 것이다. 온전히 여성적인 시선으로 재현된, 여자들의 사랑 이야기란 점이 이 영화를 한층 특별한 위치로 끌어올린다." by 〈씨네21〉 송경원 기자

5. 유럽을 가로지르는 산맥. 스위스에 있다고 아는 경우

정답 : 112쪽

가 많지만 프랑스, 이탈리아, 오스트리아 등에 걸쳐 있을 만큼 크다. 북쪽의 유럽 대평원과 남쪽의 지중해 연안 지역을 구분하는 역할을 한다. #최고봉은몽블랑

6. 의견이 분분하지만, 인류의 조상으로 추정되는 생물. 주변의 식물을 채집하거나 육식동물이 먹다 남긴 찌꺼기를 먹으면서 생활했다는 것이 정설이다.

7. 노무현 전 대통령이 대통령 퇴임 후 거주했고, 또 사망한 지역. 대한민국의 역대 대통령 중 최초로 임기를 마치고 귀향한 곳이라 더욱 주목을 받았다. #경남김해시진영읍

8. 미국에서 가장 오래된 사전 출판사. 이 출판사는 2018년 연말, '정의'(justice)를 올해의 단어로 선정했다.

9. 국내에서 종합일간지를 펴내는 대표적인 언론사로, 보수적인 논조를 띠는 신문사의 대표 격이다. 일간지 중 가장 인지도가 높지만 지나치게 보수층의 이익을 대변한다는 비판도 많이 받는다.

10. 춤과 무술을 결합한 브라질의 전통예술. 몸이 끊임없이 회전하고, 발 기술이 대부분이라는 점이 특징이다. 2014년에는 유네스코 인류무형문화유산으로 등록되었다.

11. 타자가 공을 쳐낸 뒤 눈에 띄게 방망이를 내던지는 행위로, 국내 야구팬들은 흔히 '빠따 던지기'라 부른다. 이 행동이 투수를 비롯한 상대팀의 신경을 거스르기 때문에 매너 없는 행동이라는 비판이 나오기도 한다.

12. 필리핀의 수도.

13. ①미국의 동부 지역 명문대들을 일컫는 말. ②담쟁이덩굴. ③오늘밤 일, 바본가봐, 유혹의 소나타.

14. ①소주에 비해 쓴맛이 덜하고 달짝지근한 청주 브랜드. ②아이오아이, 롤러코스터, 벌써 12시.

15. 타원 모양의 열매. 향이 좋은 반면 맛은 시고 떫다. 보통 차를 만들거나 술을 담가 먹는데, 소화불량·기관지염·폐렴·숙취 등에 좋다.

28

1. 궁금, 이성, 감성, 사랑, 출출, 응큼, 명탐정, 낚시, 꿈, 상상, 오지랖, 패션, 레이싱, 텔레파시, 난폭, 의심, 본심, 간수, 경찰, 뒷북, 상처 기록, 자장자장, 불안, 자신감, 자린고비, 예절, 첫인상 결정, 세수, 스케줄, 입방정, 다이어트. #웹툰

2. 뉴질랜드에 거주했던 원주민 종족. 인사할 때 코와 코를 비비고, 전투에 나서기 전에는 자신들이 더 강하다는 걸 표현하기 위해 박력 넘치는 춤을 춘다.

3. 로마가톨릭교회의 제266대 교황. #Franciscus

4. 방영 당시 역대 tvN 월화드라마 시청률 1위를 기록한 로맨틱 코미디.(이후 〈백일의 낭군님〉이 그 기록을 깼다.) 이름이 같은 두 여자와 한 남자 사이에서 벌어지는 사랑과 오해를 그려냈다.

5. 〈쇼미더머니〉 시즌 1에 참가해 우승을 차지한 래퍼. 이후 AOMG에 합류해 '감아' '시간이 들겠지' 등을 발표했다. 우원재, 그레이와 함께 부른 '시차', 화사와 함께 부른 '주지 마'가 크게 인기를 얻는 등 타 뮤지션과의 케미도 좋다.

6. 개구리는 올챙이 적 생각 못하고, 닭은 ○○○ 적 생각 못한다.

7. 하루종일 사무실 책상에 앉아 컴퓨터만 쳐다보는 직장인들은 '거북목 ○○○'에 시달리고, 명절 연휴가 반갑지 않은 사람들은 '명절 ○○○'에 시달린다.

8. 몸은 자고 있지만 뇌는 깨어 있는 상태를 가리키는 말. 이 상태에 있을 때는 안구 운동이 활발하게 일어난다. 꿈은 대부분 이 상태에서 꾼다.

9. 모양이나 움직임을 묘사하는 말. 갸우뚱, 엉금엉금, 기웃기웃, 붉으락푸르락, 반짝반짝, 헐레벌떡….

10. 몸에 줄을 단단히 묶고 높은 곳에서 뛰어내리는 레저 스포츠. 스포츠라고 하지만 사실 별다른 능력이 필요하진 않고, '용기'와 '깡'만 있으면 된다.

11. 민주평화당 박지원 의원은 문재인 대통령 지지율 하락 현상을 분석하며 '20대, 영남권, ○○○○'의 지지율이 많이 떨어졌다며 '이영자 현상'이라 이름 붙였다.

12. 여러 명이 특정인을 소외시키려는 목적으로 무시하고 괴롭히는 행위 혹은 괴롭힘 당하는 사람을 가리키는 말. #애들만그러는줄압니까 #어른들이더해요

13. 댄스 스포츠의 종목 중 하나. "근심을 털어놓고 다함께 ○○○ / 슬픔을 묻어놓고 다함께 ○○○"

14. 몸집이 큰 사람이나 동물이 느린 동작으로 걸어다니는 모습을 묘사할 때 쓰이는 말. "너 왜 자꾸 여기서 ○○○거려."

15. '기자'라는 직업을 부정적으로 말할 때 흔히 쓰는 말. 온라인 언론사가 늘어나면서 제목이나 사진으로 클릭을 유도하는 기사가 늘고, 몇몇 언론의 의도적인 사실 왜곡이 드러나면서 대중들의 불신을 샀다.

1. 르네상스 시대에 이탈리아에서 활동했던 조각가 겸 건축가. #다비드상 #천지창조 #성베드로대성당 #○○○ ○○부오나로티

2. 7,000여 개의 섬으로 이뤄진 대서양의 바다. 아름다운 자연환경 덕분에 전 세계 사람들이 선택하는 휴양지. 대통령 임기를 마친 오바마가 이곳에서 카이트 서핑 등 수상 스포츠를 즐기는 모습이 공개되기도 했다.

3. 제비뽑기를 통해 상대방의 비밀 수호천사가 되어주는 놀이의 일종. 보통 상대방 모르게 도움을 주거나 몰래 선물을 건네는 방식으로 이뤄진다.

4. 아카데미 시상시에서는 매년 장편 애니메이션을 수여하는데, 2017년에는 〈주토피아〉, 2018년에는 〈○○〉, 2019년에는 〈스파이더맨 : 뉴 유니버스〉가 상을 받았다. #RememberMe

5. 전투에서 이기고 돌아온 장군을 가리키는 말. 그러나

정답 : 112쪽

현실에서는 부정적인 의미로 더 자주 쓰인다. "그동안 한 게 뭐 있다고 이제 와서 ○○○○ 행세를 하느냐!"

6. 20세기 대중문화의 아이콘으로 손꼽히는 여배우. 뛰어난 연기력과 압도적인 미모로 사망한 지 20년이 지난 지금까지도 인구에 회자된다. #로마의휴일 #티파니에서아침을

7. 물건이나 서비스를 구매했음을 증명하기 위해 발급되는 것. 소액의 현금이면 발급되지 않는 경우가 더 많지만 카드로 샀을 경우 금액이 크든 작든 반드시 발급된다. "현금○○○ 하시겠어요? 전화번호 눌러주세요."

8. 이경규가 개발한 라면 브랜드. 출시한 지 6개월이 채 되지 않아 1억 개 판매를 달성하는 등 큰 인기를 얻었다. 닭 육수로 맛을 내 기존 라면과 달리 국물이 희다.

9. 성경에 언급되는 기적 중 하나. "빵 다섯 개와 물고기 두 마리로 오천 명을 배불리 먹이다."

10. 1980년대 큰 인기를 누렸던 디스코 뮤지션 런던 보이즈의 히트곡. 당시 국내 나이트클럽에서 수시로 흘러나온 터라 영화 〈범죄와의 전쟁〉〈더 킹〉 등에 삽입됐다.

11. 왕위에 오른 직후만 해도 적극적으로 정복 전쟁을 벌여 백제의 중흥기를 이끌었으나, 말년에는 술과 여색에 취해 결국 백제의 멸망을 막지 못한 왕. #삼천궁녀

12. 더본코리아의 대표이자 '요식업계의 왕' 백종원은 〈시사in〉과의 인터뷰에서 다음과 같이 말했다. "○○○○○도 못 이길 거면 식당 하지 말아야 한다."

13. 시작할 때는 5명이었으나 영웅재중, 믹키유천, 시아준수가 떠나고 지금은 유노윤호와 최강창민만 남았다.

14. 몸은 흰 빛깔을 띠고 검은색 부리를 가진 새로, 눈 주변에는 붉은색 피부가 드러나 있다. 현재 전 세계적으로 멸종위기에 처해 있어 천연기념물로 지정되어 있다. #보일듯이보일듯이보이지않는

15. ①아이돌 그룹 '레드벨벳'의 멤버 이름. ②tvN 드라마 〈○○로운 감빵생활〉 ③복고댄스, 욕 잘하는 캐릭터로 이름을 알린 배우. 시트콤에 출연하거나 리포터로 활동해온 방송인.

29

가로 열쇠

1. 이탈리아의 유명 건축물. 이곳에서 무게가 다른 두 공을 떨어뜨려 '같은 높이에서 자유낙하하는 모든 물체는 질량과 상관없이 동시에 떨어진다'라는 법칙을 증명했다는 일화가 전해진다.

2. "즐겁게 춤을 추다가 ○○○ ○○○! 서 있지도 말고 앉지도 말고 눕지도 말고 움직이지 마! 즐겁게 춤을 추다가 ○○○ ○○○!"

3. 1871년 3월 노동자를 중심으로 파리 시민들에 의해 수립된 자치정부. 두 달 만에 해체되며 실패로 끝났지만, 세계 최초의 사회주의 자치 정부이자, 최초로 노동자 계급에 의해 수립된 민주주의 정부로 평가받는다.

4. 남쪽으로 아프리카, 북쪽으로 유럽, 동쪽으로는 아시아에 둘러싸였고, 서쪽으로는 대서양과 통하는 지역.

5. 드라마 〈아름다운 그대에게〉 〈몬스타〉 〈투윅스〉 〈상속자들〉 〈미생〉 〈달의 연인 : 보보경심 려〉, 영화 〈쎄시봉〉 〈스물〉 〈동주〉 〈재심〉 〈청년경찰〉

6. 이거 없는 헬스장은 없다. 유산소 운동을 위해 꼭 필요한 운동 기구로, 한국에서는 '러닝 머신'이라는 콩글리시로 불리는 경우가 더 많다.

7. ①"아랫집 윗집 사이에 ○○○는 있지만 기쁜 일 슬픈 일 모두 내 일처럼 여기고"-동요 '서로서로 도와가며' 中 ②래퍼 우원재가 발표한 정규 앨범의 타이틀곡 제목. "제발 날 미워하지 마 거짓말은 못해 / 지금 난 갇혔다니까 빠져나오질 못해"

8. 기억력·사고력 등을 주관하고 다른 연합영역으로부터 들어오는 정보를 조정하고 행동을 조절하는 기관. #○○○○은이성을 #편도체는감성을

9. 시인 김용택의 대표작. 소설가 박완서가 이 시를 읽고 영감을 얻어 동명의 소설을 썼는데, 소설에서 시를 인용하기도 했다. "(전략) 내가 밖에서 집으로 갈 때 / 차에서 내리면 제일 먼저 눈길이 가는 집 / 그 집 앞을 다 지나도록 그 여자 모습이 보이지 않으면 / 저절로 발걸

음이 느려지는 ○ ○○○ ○ / 지금은 아, 지금은 이 세상에 없는 집 / 내 마음 속에 지어진 집…"

10. 비 내리는 모양을 묘사할 때 많이 사용되는 의태어. "비가 ○○○○ 내리는 밤이었습니다."

11. 인도네시아를 원산지로 하는 식물로, 주로 향신료를 만드는 데 쓰인다. #영어이름은Nutmeg #사향냄새가나는호두

12. 아카펠라 실력이 뛰어난 4인조 보컬 그룹. 가장 크게 히트한 곡은 드라마 〈연애시대〉에 삽입되었던 '아무리 생각해도 난 너를'이다.

13. 펌프를 이용해 강한 압력의 물을 뿜어내는 장치를 통칭하는 말. 주로 불을 끄는 데 많이 사용되지만, 2015년 경찰이 시위 진압용으로 이것을 사용해 사망자가 발생했다.

14. "그래도 지구는 돈다."라는 말을 남긴 이탈리아의 천문학자·물리학자·수학자. #갈릴레오○○○○

15. ○○○○ 신고전화는 112(경찰청). ○○○○ 상담전화는 129(보건복지 콜센터) 혹은 1577-9337(건강가정지원센터).

세로 열쇠

1. 물건을 손으로 만졌을 때 그 물건과 관련된 과거의 기억들을 읽어낼 수 있는 일종의 초능력.

2. 원작자는 박선주지만 리메이크한 나얼의 목소리로 더 많이 알려진 노래. "사랑한단 말은 못해도 안녕이란 말은 해야지 / 아무 말도 없이 떠나간 그대가 정말 미워요"

3. 알에서 태어난 박혁거세가 지금의 영남 지방에 세운 고대 국가. 고구려, 백제와 함께 삼국시대의 한 축을 담당했고, 당나라의 도움에 힘입어 삼국통일을 이뤘다.

4. "〈킹스맨 : 시크릿 에이전트〉의 단점에 대한 해독제. 속

정답 : 113쪽

편이 기대되는 고영양가 코미디." by 김혜리 영화평론가

5. 한국과 일본 사이, 200km 정도 길이의 해역을 가리키는 말. 일본에서는 '쓰시마해협'이라 불린다.

6. A=담백한 맛, B=달콤한 맛. #Vegetable #Milk

7. 영어를 배울 때 'Hello'와 함께 가장 먼저 배우는 인사말. 'How are you?'가 서로 알고 지내던 사람과 만났을 때 하는 인사인 반면, 이 말은 처음 만난 사람에게 건네는 것이 보통이다.

8. 마우스를 사용해 할 수 있는 행위는 두 가지다. 클릭과 ○○○. 클릭한 상태에서 손가락을 떼지 않고 포인터를 끌어 '○○○'하면 파일을 옮기거나 긴 텍스트를 지정할 수 있다.

9. 판타지 혹은 SF물에 자주 등장하는 설정으로, 등장인물이 시간을 거슬러 과거로 돌아가거나 미래로 가게 되는 현상. 최근 몇 년간 특히 국내 드라마에 이 설정이 자주 쓰이고 있다. 생각나는 것만 꼽아도 〈나인〉 〈터널〉 〈시그널〉 〈고백부부〉 〈별에서 온 그대〉….

10. 동물의 왕.

11. 시체에 성욕을 느끼는 성 도착증을 가리키는 범죄심리학 용어.

12. 영화 〈내부자들〉의 안상구가 과메기를 좋아했다면 아마 이렇게 말했을 것이다. "우리 과메기 가서 ○○○ 한 입 할까?"

13. BC 8세기에서 BC 2세기에 중앙아시아와 러시아 남부 지방 일대에서 활약한 유목민족. 이들은 전투력이 뛰어나 강력한 왕국을 세울 수 있었다. 독특한 동물 문양의 유물이 뛰어난 예술품으로 인정받는다.

14. 무색의 투명 플라스틱. 유리보다 훨씬 가벼우면서도 충격을 훨씬 더 잘 견디고, 깨지더라도 유리만큼 위험하지 않기 때문에 인테리어, 건축 등에 유용하게 쓰인다. 미술에도 활용되는데, 그게 바로 '○○○ 물감'이다.

15. 세상 만물의 이치를 탐구하는 학문. 모든 자연현상의 기본 법칙을 탐구하기 때문에 자연과학의 기초학문으로 여겨진다. #기초라면서왜이렇게어려운겁니까

30

가로 열쇠

1. 항상 예의를 잊지 않는 한국인의 국민성을 강조하고 싶을 때 자주 쓰는 표현으로, 중국 지리서 《산해경》에 처음 등장했다. 하지만 21세기의 한국을 '○○○○○ ○'이라 부르기엔 사실 좀 무리가 있다.

2. 국화과에 속하는 식물. 루테인과 지아잔틴이 풍부해 이걸 차로 끓여 마시면 눈에 좋다고 알려져 있다. 2018년에는 일상의 소중함을 일깨워주는 뮤지컬 〈○○○○〉가 인기를 끌었다.

3. 내가 하면 ○○○, 남이 하면 불륜. #내로남불

4. 국토교통부가 매년 토지에 각종 세금을 부과하기 위해 부동산을 평가해 공식적으로 발표하는 단위면적당 가격. ○○○○가 높게 책정되면 자연히 그에 따르는 세금도 높아진다.

5. 공공 이익을 위해 각 분야의 전문가들이 자발적으로 사회약자와 소외계층을 돕는 활동. '공익을 위하다'라는 라틴어 문구에서 따온 말이다. 미국에서는 변호사들에게 매년 일정 시간 이상을 이 활동에 할애하도록 규정되어 있고, 다양한 분야로 확장되는 추세다.

6. 심형래 감독의 2007년 연출작. 여름 성수기에 맞춰 개봉해 800만 명 이상의 관객을 동원했다. 이는 그해 흥행 성적 1위 기록이다. 영화의 작품성, 애국심 마케팅 등과 관련해 논쟁이 벌어지기도 했다.

7. "바다의 깊이를 재기 위해 / 바다로 내려간 / ○○○○처럼 / 당신의 깊이를 재기 위해 / 당신의 피 속으로 / 뛰어든 / 나는 / ○○○○처럼 / 흔적도 없이 / 녹아버렸네"

8. 가루가 많이 생기기 때문에 한 입에 넣는 것이 먹기 편한 직육면체 모양의 과자. 아주 얇은 비스킷 사이사이에 바닐라맛 혹은 딸기맛 크림이 들어가 있다. 정식 명칭은 '웨이퍼'지만 우리에겐 '○○○'가 더욱 친숙하다.

9. 포유류과에 속하는 잡식성 동물로, 긴 꼬리를 가지고 있다. '허니베어'라고도 불리는데, 나무를 잘 타고 귀여운 외모를 갖고 있기 때문에 동물원에서 아이들의 관심을 한 몸에 받는다.

10. 2018년 노벨평화상 수상자. 그는 무장단체 이슬람 국가(IS)가 이라크 야지디족 여성들에게 행한 성적 유린을 고발하며 국제사회가 행동에 나설 것을 요구했다.

11. 10대 후반의 나이로, 영국과 벌인 백년전쟁에 나서 용감하게 싸우며 나라를 구해낸 프랑스인 여성.

12. 구약성서에 쓰인 신의 가르침을 전하고 율법을 가르치는 선생 혹은 존경받는 사람을 칭하는 말. #탈무드

13. ①먹으면 호랑이 기운이 솟아나는 것. ②정품 인증을 받으려면 ○○○을 입력하세요. ③〈시그널〉과 헷갈리지 마세요.

14. 친구에게 10,000원을 빌렸다. 1주일 후 11,000원을 갚았다. 여기서 1,000원은 뭔가?

15. 포털사이트에서 특정 정보를 클릭했을 때, 포털사이트 내에서 결과를 보여주지 않고 정보를 제공한 원 사이트로 이동해 검색 결과를 보여주는 방식.

세로 열쇠

1. ①자기 생각 없이 윗사람의 명령이나 남들의 의견에 무조건 따르는 사람. ②2008년에 개봉한 짐 캐리 주연의 코미디영화.

2. 지리산 ○○○○, 한려해상 ○○○○, 요세미티 ○○ ○○, 시레토코 ○○○○, 하코네 ○○○○.

3. 알파, 베타, 감마, 델타, 엡실론, 제타, 에타, 세타, 요타, 카파, 람다, 뮤, 뉴, 크사이, 오미크론, 파이, 로, 시그마, 타우, 입실론, 파이, 카이, 프사이, ○○○.

4. 네덜란드 출신 철학자. 보통 "내일 지구의 종말이 오더라도 오늘 나는 한 그루의 사과나무를 심겠다."라는 말을 한 것으로 많이 알려져 있다. #바뤼흐○○○○

5. "그렇게 빙 둘러 가면 시간 안에 도착을 못할 거야. 오늘은 이쪽으로 가자. 여기가 ○○○○이야!" #가장빠른길

정답 : 113쪽

6. 컴퓨터 시스템을 구성하는 요소 중 하나. ○○○○○ 는 크게 '시스템 ○○○○○'와 '응용 ○○○○○'로 나뉜다. 전자가 어느 문제에나 공통적으로 필요한 운영체제 등을 뜻한다면, 후자는 사무자동화, 수치연산, 게임 등 다양한 목적을 갖고 만들어진 프로그램을 총칭한다.

7. 지하철에 가면, 환승역도 있고, 스크린도어도 있고, 임산부석도 있고, ○○○도 있고. #올드팝CD #깔창 #얼룩제거제 #팔토시

8. 좀비가 망가뜨린 사회에서 살아남은 몇몇 인간들이 살길을 모색한다는 내용의 드라마. #AMC

9. "여보세요 나야 거기 잘 지내니 / 여보세요 왜 말 안 하니 / 울고 있니 내가 오랜만이라서 / 사랑하는 사람이라서" #임창정

10. 유럽 북부에 위치한 반도 이름. 이 지역에 속하는 나라 노르웨이, 덴마크, 스웨덴을 통틀어 '○○○○○○ 제국'이라 부르기도 한다.

11. 이름은 있는데 열매가 없다. 겉보기엔 그럴듯하지만 실제로는 아무 실속이 없다는 뜻의 사자성어.

12. 여러 개의 명령어를 하나로 묶어서 훨씬 더 간단하고 빠르게 특정 명령 패턴을 수행하게 하는 것을 가리키는 컴퓨터 용어. #누가또○○○돌렸냐

13. 1920년대 서구 사회를 중심으로 벌어진 일종의 예술 운동. 무의미해 보이는 것 속에서 의미를 찾아보자는 운동으로, 기존 예술을 완전히 다른 시각에서 본다는 측면에서 '아방가르드'한 성격을 띤다.

14. 화장하지 않은 얼굴, 혹은 안경을 쓰지 않은 얼굴.

15. '멋지다, 세련되다'라는 뜻의 프랑스어에서 유래한 외래어. 뭐라 정확히 설명하긴 힘들지만 감정적이지 않고, 때론 무관심하고, 쿨해 보이고, 도도한 사람을 가리켜 "○○하다."라고 말한다. #차도남차도녀

31

가로 열쇠

1. '자동차의 왕'이라 불리는 미국인 기업가. 1903년 본인의 이름을 딴 자동차 회사를 설립해 큰 돈을 벌어들였다. 또한 조립 라인 방식을 이용한 대량 양산 시스템을 구축해 합리적인 경영방식의 선구자로도 기억된다.

2. 공사를 안 했거나 제대로 되지 않아 노면이 울퉁불퉁한 도로를 가리키는 말. 차로 이 위를 달리면 먼지가 많이 나고, 시끄럽고, 차가 흔들린다. #덜컹덜컹

3. 수업시간에 선생님이 중요한 부분이라고 강조하면, 우린 교과서에 '○○'을 그었다. #ctrl+u

4. 땅, 물, 공기 등에 섞여 있거나 다른 생물체 안에 기생하는, 아주 작은 단세포 생물. 한국말로는 '세균'. #라틴어

5. '좋은 곳'인 동시에 '이 세상에 없는 곳'이라는 뜻을 가진 이상 사회. 토머스 모어가 구상한 이곳에서는 하루에 6시간만 일하고 나머지 시간에는 여가를 즐긴다.

6. 24절기 중 열네 번째에 해당하는 절기. '더위가 그친다'라는 뜻처럼 여름이 가고 가을을 맞이하는 시기이다. 소서-대서-입추-○○-백로-추분-한로.

7. ①펜이나 다른 필기구로 써서 지우개로 지울 수 없을 때 지우개 대신 쓰는 문구를 가리키는 말. #수정액 #수정테이프 ②2월 13일은 밸런타인데이, 3월 14일은 ○○○데이.

8. 16세기 초에 활동한 포르투갈 태생의 항해자. 여러 번 실패를 겪었으나, 세계 최초로 세계일주에 성공한 모험가로 알려져 있다. #페르난디드○○○

9. 알파벳 중 한 대문자와 비슷하게 생긴 반소매 상의를 묶어 이르는 말. #사람이팔벌린모양

10. "현재 우리 사회에는 우울증이나 식이장애 환자들보다 많은 수치인 25명 중 1명꼴로 '○○○○○'가 있다고 한다." #반사회적인격장애

11. 한국말로 '여러 날', 영어로 'many days'를 뜻하는 구어체 표현. "한 번 싸웠다 하면 ○ ○ ○○ 입을 꾹 닫고 아무 말도 안 한다니까?" #맞춤법주의

12. 2016년 가장 많은 관객을 동원한 한국 영화. 공유, 정유미, 마동석, 김의성 그리고 수많은 좀비가 출연했다. #겁나서KTX타겠나

13. 내전이 벌어지는 와중에 성폭력과 신체 훼손을 당한 여성 피해자들을 치료하고, 재활을 도운 콩고 민주공화국의 의사. 그 공로를 인정받아 노벨 평화상을 받았다.

14. 한국 추리소설 작가이자 전직 판사, 현직 변호사. #가족의탄생 #붉은집살인사건

15. 밀가루 반죽으로 위를 덮지 않아 무슨 재료로 파이 속을 채웠는지 한눈에 알 수 있는 프랑스식 파이. #에그○○○ #치즈○○○

세로 열쇠

1. 고훈정, 김현수, 손태진, 이벼리로 구성된 팝페라 그룹. JTBC 예능 〈팬텀싱어〉 시즌 1에 출연해 우승을 차지했다.

2. 위도 0°에 해당하는 선이 지나는 지역. 지구를 북반구와 남반구로 나누는 기준이 된다. 이것이 통과하는 나라는 가봉, 소말리아, 우간다, 케냐, 브라질, 에콰도르, 콜롬비아, 인도네시아 등인데 대부분 기온이 높은 편이고 일 년 내내 기온차가 크지 않다. #영원한○○아군도없다

3. 한 해가 저물어가는 시기를 가리키는 순우리말. "날씨 주간뉴스입니다. 크리스마스가 지나고 나면 '○○ 한파'가 한층 더 심해질 것으로 보입니다."

4. 얄밉게 빈정거리면서 비꼬아 놀리는 것을 뜻하는 말. 사소한 말다툼이라도 서로 ○○○거리다 보면 커지기 마련이다. #○○○거리다

5. 부모 자식 간에는 '부자유친', 임금과 신하 사이에는 '군신유의', 부부 사이에는 '부부유별', 어른과 아이 사

이에는 'ＯＯＯＯ', 친구끼리는 '붕우유신'. #오륜

6. 90년대에 왕성하게 활동한 할리우드 여배우. 〈귀여운 여인〉〈적과의 동침〉〈내 남자친구의 결혼식〉〈노팅 힐〉〈에린 브로코비치〉〈오션스 일레븐〉〈클로저〉〈원더〉 등에 출연했다. #prettywoman

7. ＯＯＯ, 꽃, 이, 피었습니… 다! 너 움직였어!

8. ①저 먼 바다 끝엔 뭐가 있을까? ②롯데월드의 인기 놀이기구. ③바닷속으로 가라앉았다고 전해지는 전설 속 대륙.

9. "삼각산이 일어나 더덩실 춤이라도 추고 / 한강 물이 뒤집혀 용솟음칠 그날이 / 이 목숨이 끊기기 전에 와 주기만 할 양이면 / 나는 밤하늘에 날으는 까마귀와 같이 / 종로의 인경을 머리로 들이받아 울리오리다" #심훈

10. 신라의 역사서 《국사》를 집필한 진흥왕 때의 재상. #국사시간에분명히배웠어이거 #시험에도나왔어이거

11. 일상에서 어렵지 않게 느낄 수 있는 작지만 확실한 행복. 일본 작가 무라카미 하루키가 한 수필에서 사용한 표현으로, 덴마크의 '휘게 라이프'와 의미하는 바는 비슷하다. 이러한 경향이 20~30대 사이에 퍼지면서 마케팅 포인트도 이에 맞춰 변화하고 있다. #숲속의작은집 #아니숲속의작은방한칸만이라도

12. 패션 감각이 뛰어나 센스 있게 옷을 잘 입고 다니는 사람을 가리키는 말. #외래어

13. 제주=감귤, 임실=치즈, 횡성=한우, 영덕=?

14. 대푯값(평균값)을 중심으로 자료들이 얼마나 흩어져 있는지 그 정도를 나타내는 값. 이 수치가 작으면 자료들이 대푯값 주변에 모여 있고, 이 수치가 크면 더 멀리 흩어져 있다. #degreeofscattering

15. 게임의 다음 단계로 넘어가기 위해 꼭 수행해야 하는 임무를 가리키는 말.

32

가로 열쇠

1. "일부러 안 웃는 거 맞죠? / 나에게만 차가운 거 맞죠? / 알아요, 그대 마음 / 내게 빠질까봐 두려운 거죠" #서주경 #술한잔하사주실래요호 #야이야이야이야이

2. 케냐, 탄자니아 등 아프리카 남동부에서 사용하는 언어. 초원의 생태를 체험하는 '사파리'(여행), 〈라이온 킹〉의 주인공 '심바'(사자), 미국의 전 대통령 버락 오바마의 '버락'(축복) 등이 모두 이 언어에서 따온 것이다.

3. 영화 〈과속스캔들〉로 혜성처럼 나타난 뒤 〈늑대소년〉 〈오 나의 귀신님〉 〈힘쎈여자 도봉순〉 등을 연이어 히트시키며 사랑스러운 외모와 뛰어난 연기력을 인정받고 있는 배우.

4. 바로크 시대를 대표하는 네덜란드 출신 화가. 빛과 어둠을 극적으로 활용해 〈야경〉을 비롯한 수많은 걸작을 남겼다. 최근에는 ○○○○의 화풍을 흉내 낸 그림을 그려내는 '넥스트 ○○○○' 프로젝트가 화제가 되기도 했다. #○○○○판레인

5. 21세기 현대사회는 물론이고 근대, 중세, 고대, 기원전까지 시대를 막론하고 꼰대들이 항상 입버릇처럼 하던 말은? "○○ 애들 버릇 없다!" #thesedays

6. 〈개그콘서트〉로 데뷔한 후 '고음불가'와 '키 컸으면' 등의 코너를 히트시킨 개그맨. 〈1박 2일〉 〈아는 형님〉 〈신서유기〉 등 버라이어티 프로그램에서 활약했다.

7. 1999년 개봉해 완전히 새로운 SF 액션영화의 스타일을 만들었다는 평가를 받았던 작품. '빨간 약 줄까? 파란 약 줄까?' #키아누리브스 #워쇼스키자매

8. 밤에 활동하는 야행성 조류.

9. 스페인 프리메라리가의 양대 산맥인 레알 마드리드와 FC 바르셀로나가 맞붙는 라이벌 매치를 부르는 말.

10. 전라남도 진도군에 위치한 항구. 2014년 4월 16일 세월호 침몰 사고가 일어난 후로, 희생자들을 추모하는 공간인 '기억의 벽' '기다림의 의자' 등이 세워져 있다.

11. 동쪽에서 불어오는 바람은 '샛바람', 서쪽에서 불어오는 바람은 '하늬바람', 북쪽에서 불어오는 바람은 '된바람', 남쪽에서 불어오는 바람은 '○○○'. #○○○에게 눈감추듯

12. 독일 출신 정치철학자. 나치의 대표 전범 '아돌프 아이히만'의 말과 행동을 분석해, 역사 속 악행은 특별하게 악한 사람이 아니라 국가에 순응하는 보통 사람들에 의해 행해진다는 '악의 평범성' 개념을 주장했다. #예루살렘의아이히만

13. 영화 제작의 기본 요소 중 하나로, 대사와 지문 등 이야기 전개가 적혀 있는 대본을 가리키는 말.

14. 롯데리아, 버거킹, KFC, 파파이스, 맘스터치…. 뭐 하나가 빠졌죠?

15. ①'세상'을 뜻하는 순우리말. ②한반도를 거쳐간 태풍 가운데 하나의 이름. ③만 3~5세 유아들의 교육 기회 보장을 위해 정부가 공통으로 제공하는 표준 교육 프로그램.

세로 열쇠

1. 짤막한 영상을 편집해 정치의 속살을 보여줘서 시청자들의 가려운 곳을 긁어주는 YTN의 프로그램. 시청자들에게 좋은 반응을 얻었으나 2008년 이후 별다른 이유 없이 중단과 재개를 반복해 권력층의 외압을 받은 것이 아니냐는 의혹을 받았다. 그러다 2018년 12월, YTN 개편과 함께 부활했다.

2. 라틴 댄스의 일종. 박자가 빠르지만, 오히려 초심자가 입문하기 좋은 종목으로 꼽힌다. 〈무한도전〉 '쉘 위 댄스' 편에서 유재석이 췄던 그 춤이 바로 '○○○'다.

3. 이름 모를 섬에 항공기가 불시착한 후, 생존자들이 극한 상황을 헤쳐 나가는 과정을 그린 미국드라마. 한국에서는 배우 김윤진이 출연해 특히 화제가 되었다. #왜나코찌쭈는햄보칼수가업서 #페이퍼타워리요기잉네

정답 : 113쪽

4. 신이나 진리 등 추구해야 할 절대적인 가치라는 건 존재하지 않는다고 보는 사상. 한국어로는 허무주의. #신은죽었다

5. Konosirus Punctatus. 가을에 살이 올라 맛있는 것으로 유명한 생선. 'OO 굽는 냄새를 맡으면 집 나간 며느리도 돌아온다'는 말도 있다. #난 회가더좋던데

6. 가격을 낮추는 대신 많이 팔아 이득을 극대화하는 판매 전략. #다이소

7. 유대인이 전 국민의 70% 이상을 차지하며 히브리어를 공용어로 쓴다. 시오니즘에 입각한 팔레스타인과의 영토 분쟁, 그 과정에서 자행한 인권탄압 탓에 국제사회의 비판을 받고 있다.

8. 콧등이 튀어나오고 코끝이 처져 있는 코의 생김새를, 새의 특정 부위에 빗대어 부르는 말. 아랍인과 유대인들은 특히 이러한 코를 가진 경우가 많다.

9. 오디세우스가 그리스 병사들을 트로이 성내에 침입시켜 성을 함락하기 위해 제작했던 상징물. #악성코드

10. 한국에서 '왕따 문제'가 가시화되기 전에 이미 일본에서 사회 문제로 대두된 청소년들 간의 집단 따돌림 현상.

11. '검은 바위'라는 뜻을 가진 인도 지방의 거대한 산맥. 히말라야산맥의 서쪽으로 이어져 있는 이 산맥에는 K2를 비롯한 높은 봉우리들이 많다. #세계의지붕

12. 1999년 데뷔한 후 델리스파이스, 언니네 이발관과 함께 홍대 1세대로 꼽히는 모던록 밴드. 프론트 맨 정순용을 필두로 꾸준히 활동 중이며, 2005년에 낸 3집 〈Just pop〉은 대중과 비평가에게 좋은 평가를 받았다. #한국대중음악상올해의음반 #골든글러브 #공항가는길

13. 16세기 중반 이후로 포르투갈에게 식민 지배를 당했으나, 1999년 중국에 이양되의 중국의 특별행정구로 지정된 세계 최대의 카지노 도시.

14. 10월 9일.

15. 세계적인 아이돌 그룹 방탄소년단의 팬덤(팬클럽) 이름. Adorable Representative M.C for Youth.

33

가로 열쇠

1. 1945년 제2차 세계대전에서 패배한 후 군대를 보유하지 않겠다고 선언한 일본이, 치안 유지를 목적으로 창설해 지금까지 운영해오고 있는 군사 조직.

2. 2015년 12월 넷플릭스에서 공개된 범죄 다큐멘터리. 미국에서 벌어진 살인 사건과 이후의 증거 조작을 다루고 있다. 넷플릭스에서 자체 제작한 프로그램으로 초기 인지도를 높이는 데 기여했다. #MakingAMurderer

3. 안으로는 왕권을 강화하고, 밖으로는 활발한 정복 활동을 펼친 왕으로 백제의 전성기를 이끌었다. 배우 감우성이 드라마에서 이 왕을 연기하기도 했다.

4. 고대 이집트의 마지막 파라오. "그녀의 코가 조금만 낮았더라면 역사가 바뀌었을 것이다." #○○○○○○7 세필로파토르

5. 지하철역이나 기차역과 근접하여 생활하기 편리한 거주 지역을 가리키는 말. ○○○일수록 집값이 높아진다.

6. 공기의 전압차가 높아져서 발생하는 방전 현상. 이때 높은 에너지가 발생해 공기가 팽창하는데, 번쩍거리는 것이 '번개'고, '우르르 쾅쾅' 하는 소리를 '○○'이라 한다.

7. 남한과 북한을 통틀어, 한반도에서 가장 높은 산. 다양한 종의 동식물이 살고 있고, 산 정상에는 '천지'라는 이름의 칼데라호가 있다.

8. '자그마한 쇠붙이로 사람을 죽인다' '날카로운 말 한 마디로 핵심을 찌른다'는 뜻의 사자성어. 마디 ○, 쇠 ○, 죽일 ○, 사람 ○.

9. 누군가 썰렁한 소리나 듣기 민망한 소리를 해서 한동안 침묵이 흐를 때 사용하는 신조어. #자매품은 #갑자기분위기띠용~

10. 2017년 3월 집중폭우로 인해 홍수·산사태 등의 피해를 입은 남아메리카의 국가. 홍수 때문에 20여 명이 사망하고 994채의 가옥이 침수됐다. #범인은엘니뇨

11. 1943년 스웨덴의 잉바르 캄프라드가 창업한 가구 및 생활 소품 판매 기업으로, 기업 이름은 창업자의 이름, 그가 자란 농장의 명칭, 그가 태어난 도시의 이름을 따서 지어졌다. 전 세계 42개국에 345개의 매장이 들어서 있는데, 국내엔 경기도 광명시에 있다.

12. 여러 사람의 말이 한 소리로 들릴 만큼 똑같다는 뜻의 사자성어. 여러 명이 동시에 한 글자씩 얘기해 전체 단어를 맞추는 방식의 게임. 예능에서 많이 한다.

13. 프랑스가 자랑하는 다목적 전투기. 이름은 프랑스어로 '돌풍' '광풍'이라는 뜻이다. 2015년 파리 테러 이후, 프랑스 공군은 이 전투기를 내세워 IS의 주요 근거지를 공격한 바 있다.

14. 발전 가능성이 높은 반면, 아직 경쟁자가 많지 않아 앞으로 큰 수익을 낼 것이 기대되는 시장.

15. ①독일 에르스트 라이츠 사에서 만든 카메라 브랜드. ②인간보다 먼저 우주에 간 개. ③〈코렐라인 : 비밀의 문〉〈쿠보와 전설의 악기〉 등을 만든 애니메이션 스튜디오.

세로 열쇠

1. 마인츠05, 보루시아 도르트문트를 거쳐 2015년부터 잉글랜드 프리미어리그 리버풀 FC를 이끌고 있는 독일인 축구 감독. 전방과 후방을 가리지 않고 모든 필드 플레이어가 상대를 압박해 공을 빼앗는 '게겐프레싱' 전술이 특징적이다. #헤비메탈

2. 별다른 요리 과정 없이 전자레인지를 이용하거나 끓는 물을 넣어 즉석에서 간단히 조리해 먹을 수 있는 식품을 가리키는 말. 컵라면, 3분 카레 등이 여기에 해당된다.

3. 조선 태조로부터 철종에 이르기까지 25대 472년간의 역사를 연월일 순서에 따라 편년체로 기록한 책.

4. 중국공산당의 지도자로 활동하다 중화인민공화국의 초대 주석이 된 정치인. 혼란스러웠던 중국 정치를 안

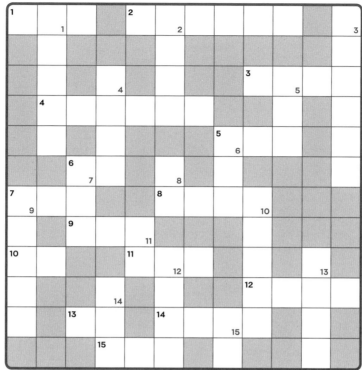

정답 : 114쪽

정시킨 '국부'라는 평가와 함께 '문화대혁명'으로 많은 국민을 희생시킨 독재자라는 평가를 동시에 받는다.

5. 얼굴을 비롯한 자기의 신체가 허가 없이 촬영되거나 공개적으로 게시되지 않게 해주는 권리. 동의 없이 찍은 타인의 사진을 동의 없이 사용할 경우 '○○○'이 침해된다.

6. 한 곳에 정착하지 못하고 이리저리 떠돌아다니게 되는 운명을 가진 사람에게 하는 말 : ○○○이 끼었네! #평생여행하는삶나쁘지않겠구만뭐

7. 아르마딜로와 더불어 포유류 중 등껍질을 가진 동물. 식재료·약재로 쓰기 위해 전 세계에서 가장 많이 밀매되는 동물로 현재 멸종 위기에 처해 있다.

8. 2000년대 인기를 끌었던 SNS '싸이월드'에서 맺은 친구 관계를 가리키는 말. '한 번 싸웠다고 ○○을 끊으면 어떡해!'

9. 컴퓨터 키보드에서 입력한 텍스트를 지울 때 사용한다.

10. 시중에 나온 통화량이 늘어 화폐 가치가 떨어지고, 전반적인 물가가 오르는 경제 현상을 가리키는 말.

11. 충격적인 비주얼과 스타일로 데뷔한 후 인기를 누리며 챔피언이 되는 듯했으나, 대마초를 피우고 군대를 두 번 다녀오는 등 다사다난한 날들을 보낸 가수. 그러나 세계를 강타한 히트곡 하나로 인생역전을 이뤄냈다. #옵옵옵옵오빠

12. 산을 오르내리거나 계곡에서 곤돌라를 매달아 사람이나 짐을 운반하는 장치. 관광지를 개발할 때 주로 활용되지만 환경을 파괴한다는 비판을 받기도 한다.

13. 단결권, 단체교섭권, 단체행동권. #헌법33조1항

14. ①'영양'의 일종으로 톰슨가젤과 비슷하게 생긴 동물. ②GM 산하 쉐보레 브랜드로 생산되는 준대형 세단.

15. 뽕나무에서 나는 열매를 부르는 말. 새콤달콤한 맛이 요거트와 잘 어울리고 건강에도 좋다고 알려져 있다.

34

1. 기업 입장에서 사업의 효율을 높이기 위해 실시하는 작업. 부실기업이나 조직의 비효율을 개선하기 위해 피할 수 없는 일이지만, 예고 없는 대규모 'OOOO'은 일자리를 잃은 노동자에게 치명적인 타격을 입힐 수 있다.

2. 본토를 떠나 외지에 자리를 잡고 살아가는 사람 혹은 집단을 가리키는 말. 팔레스타인을 떠나 살았던 유대인이 대표적이다.

3. 핀란드인 작가 토베 얀손이 북유럽 설화 속 '트롤'을 원형으로 창조해낸 만화 캐릭터. #OO더무비

4. ①3인조 혹은 3중주를 뜻하는 이탈리아어. ②'퐁퐁'과 함께 가장 친숙한 주방세제 브랜드. #도레미 #윤석철 #세알간이

5. 1859년 출간한 저서 《종의 기원》을 통해 '진화론'을 제시하며, '창조론'이 지배적이던 당시 생물학계에 큰 파장을 일으킨 생물학자. 그의 진화론은 지금까지도 '인류 역사상 가장 위대한 아이디어'로 꼽힌다.

6. 시작과 끝을 연관시키는 문학적 기법. 첫 문장을 마지막 문장에 다시 쓰거나, 비슷한 구절을 반복하는 식이다. "이번 주는 월요일에 술 먹고, 일요일에 또 술을 먹었으니 OOOO이네!"

7. 종이, 붓, 먹, 벼루를 통칭하는 말.

8. 이제 막 글자를 배우고 쓰기 시작한 유치원생 또는 초등학교 1학년들이 자주 보는 시험. #나이를먹어도100점은쉽지않을거야

9. '호날두'엔 있는데 '메시'에는 없는 것. '아델'에는 있는데 '비욘세'에는 없는 것. '더불어민주당'에는 있는데 '자유한국당'에는 없는 것. '라일락'에는 있는데 '장미'에는 없는 것.

10. 인도네시아의 수도. 2018년 아시안게임이 열린 곳이기도 하다.

11. 어떤 직선이 수평으로 증가했을 때 수직으로는 얼마나 증가하는지 나타내는 값. 수학시간에 직각삼각형의 'OOO'를 구하는 공식을 배운다.

12. 크리스토퍼 놀란의 배트맨 3부작 중 두 번째 작품으로, 역대 수퍼히어로영화 중 최고의 작품으로 손꼽힌다. 크리스천 베일, 히스 레저, 마이클 케인, 애런 에크하트 등이 출연했다. #조커

13. 심상정과 노회찬을 주축으로 2012년에 만들어진 정당의 현재 당명. 2019년 4월 현재 당 대표는 이정미, 원내대표는 윤소하.

14. 정보의 객관성과는 상관없이 자신의 선입견을 뒷받침하는 정보만 선택적으로 수용하려는 현상. #보고싶은것만보고 #믿고싶은것만믿는

15. 다큐멘터리영화 〈두 개의 문〉과 〈공동정범〉이 배경으로 삼고 있는 행정구역.

1. 한진그룹 조양호 회장의 막내딸이자, 저가항공사 진에어의 부사장을 맡았던 인물. '땅콩 회항' 사태로 경영 일선에서 물러난 언니의 뒤를 이어 회사 직원과 광고 대행사에 갑질을 해서 논란이 되었다.

2. "나는 웃자고 한 얘긴데 왜 OO을 해?" #OO할만하니까하지

3. 1986년 최우수 작품상을 비롯해 아카데미 시상식에서 7개 부문을 수상한 영화. 동명의 소설을 원작으로 만든 이 영화는 아프리카의 풍광을 아름답게 그려냈지만, 백인 우월주의가 투영되었다는 비판도 받았다. #시드니폴락 #메릴스트립 #로버트레드포드

4. 탄력성이 높아 충격을 받아도 원상태로 돌아가려는 성질이 강한 천연고무. 매트리스, 메모리 폼 베개, 콘돔, 수술장갑 등에 많이 사용된다.

5. ①웃기겠다는 의욕이 지나쳐 재미없는 농담을 던졌을

정답 : 114쪽

때, 당신은 'ㅇㅇㅇ'를 던진 거다. ②순환하지 않는 무한소수.

6. '작은 흠을 굳이 들춰내 부풀려 지적하는 행위'를 가리키는 말. #생ㅇㅇ

7. 마이크로소프트에서 개발한 컴퓨터 운영체제(OS). 아이맥, 맥북이 아니라면 대부분 이 프로그램을 이용하는 경우가 많다. #맥북을샀지만 #결국ㅇㅇㅇ깔았어요

8. 심리학자 알프레드 아들러의 철학을 대화 형식으로 알기 쉽게 풀어낸 책. 일본인 작가 기시미 이치로가 쓴 이 책은 2015년 국내 출판계를 강타하며 베스트셀러가 되었다.

9. 빗자루와 한 쌍. #맞춤법주의

10. 고층 건물이라면 필수적으로 설치해야 할 기계 장치. 중량을 초과해서 '삐~' 소리가 울릴 경우, 가장 마지막에 탄 사람이 내리는 것이 암묵적인 룰이다.

11. 사유재산제도를 인정하고, 경제 활동의 자유를 보장하고, 이윤 추구를 최우선 가치로 삼는 것을 특징으로 하는 사회 경제 체제. #광고찍을때필수품은ㅇㅇㅇㅇ미소

12. 동아프리카 내륙에 위치한 공화국. 국토의 크기는 남한의 1/4 정도로 크지 않지만 인구 밀도가 매우 높다. 20세기 후반 투치 족과 후투 족 사이에 벌어진 내전으로 많은 국민들이 학살당한 아픈 역사를 갖고 있다. #호텔ㅇㅇㅇ

13. 긴장을 심하게 해 가슴이 두근거리고 제 실력을 발휘하지 못하는 증상. "유재석도 예전에 무대 ㅇㅇㅇ이 있어서 방송 그만둘 뻔했대." #nauseous

14. ①길쭉한 막대기 모양의 미술 용품. ②"다같이 웬! 빠빠빠빠 빠빠빠빠빠, 날 따라 투! 빠빠빠빠빠 빠빠빠빠" ③"아가씨 아가씨 난 순결한 지용씨 / 이리 와봐요 귀요미 / 네 남자친구는 지못미"

15. 식물의 꽃봉오리를 사용하는 향신료로, 이름처럼 '못' 같이 생겼다. 향이 매우 강하고 카레, 수프 등을 만들 때 쓰인다.

73

35

1. 유럽, 아시아, 아프리카까지 3개 대륙에 걸친 넓은 영토를 통치하던 이슬람 국가. 제1차 세계대전 당시 연합국에 패배한 후 식민지와 본토를 다수 잃었고, 새롭게 터키 공화국이 세워지면서 사라졌다.

2. 사물이나 현상을 꿰뚫어보는 능력. '창의력'과 마찬가지로, 계발법이나 측정 기준이 모호하지만 'OOO'이 뛰어난 사람은 옆에 있기만 해도 느껴진다. #insight

3. 연장·야간·휴일근로수당이나 연차휴가 미사용 수당 등 각종 수당을 계산할 때 기준이 되는 개념. 근로기준법에는 법정 근로시간을 초과한 노동의 경우 OOOO의 1.5배를 지급해야 한다고 명시되어 있다.

4. 인터뷰어 지승호가 '명랑시민 정치교본'이라는 콘셉트로 김어준을 인터뷰한 책. 출간 당시 '나꼼수' 열풍과 대선에 대한 관심으로 베스트셀러에 올랐다.

5. 보이지 않는 곳에서 보살피고 도와주는 일. "내가 다 OOOO 해줄 테니까 너는 아무 걱정 말고 공부만 열심히 해!"

6. 놀이터에 꼭 하나씩 있는 거대한 아동용 놀이기구. 속 뚫린 정사각형이 가로세로로 맞붙어 있는 형태로, 아이들은 이 기구를 오르내리며 놀곤 한다. #안떨어지게조심 #머리안부딪히게조심

7. 내포된 메시지와 정반대되는 말을 해서 의미를 강조하거나 비꼬는 표현법. #참잘했다고알했어

8. 1991년에 개봉된 공포영화에 등장하는 장난감 인형. 원래 인간이었으나 죽기 직전 한 인형에 영혼이 옮겨갔는데, 그게 바로 '사탄의 인형'이다.

9. 원래 갖고 있던 매운맛과 냄새를 제거하되, 효능은 더욱 높여 각종 질병과 노화를 예방하는 건강식품으로 여겨지는 음식. #black #from의성

10. 에도 막부를 활짝 연 초대 쇼군. #덕천가강

11. 사람, 동물 등 특정 대상의 말이나 행동 혹은 존재 자체에 완전히 매료되어 심장이 내려앉을 만큼 설렘을 느끼는 상황을 표현하는 신조어. #반해반해버렸어요 #자꾸만OO해널보면볼수록

12. 땅속에 묻어 적군이 그 지역을 통과할 때 폭발하도록 만들어진 전쟁 무기. 전 세계에 1억 개가 넘는 OO가 묻혀 있는 것으로 추산된다.

13. 스케이트보드의 일종. 크기가 작은 '크루저'는 물론 일반 스케이트보드보다도 크고 길다. 황치열, 남규리 등이 즐기는 것으로 알려져 있으며 점점 트렌디한 취미로 자리 잡아가고 있다.

14. 박근혜 대통령의 공약이었던 쌀 수매가 인상 공약 이행을 촉구하기 위해 2015년 11월 민중총궐기 투쟁대회에 참석했다가 물대포를 맞고 쓰러진 후 깨어나지 못하다가, 이듬해 9월 사망한 농민의 이름.

15. 스틱, 킥, 스네어, 하이햇, 페달….

1. 모든 병을 고치는 약. 상식적으로 말이 안 되지만 말이 되는 것처럼 우기는 사기꾼들이 있다. 몸에 아무리 좋은 것이라도 모두에게 좋지는 않다. 산삼도, 글루코사민도, 심지어 김치도. #이약한번잡숴봐

2. 정치 영역에서 교묘한 홍보 기법을 활용해 정보 조작을 전문으로 행하는 로비스트와 홍보 전문가를 일컫는 말. #개보다꼬리가똑똑하면꼬리가개를흔든다

3. 일정 시간 이후, 특히 늦은 밤에 통행을 금지하는 제도. 1980년대 초반까지도 이 제도가 공식적으로 시행되었으나 폐지되었다. #늦어도11시까지는꼭들어와

4. 여성 듀오 옥상달빛의 대표곡. "세상 사람들 모두 정답을 알긴 할까 / 힘든 일은 왜 한번에 일어날까 (중략) 아무도 너의 슬픔에 관심 없대도 / 난 늘 응원해"

5. 2000년대에 배우와 가수로 활발하게 활동하며 만능 엔터테이너의 대표 격으로 여겨졌던 방송인. 한때 가

정답 : 114쪽

수 은퇴를 선언했으나 복귀한 후 또 한 번 전성기를 맞이했다.

6. '밝다' '깨끗하다'는 뜻의 라틴어에서 이름을 딴 목관 악기. 음색이 다채로워서 '오케스트라의 팔색조'라 불린다.

7. 두 손을 등 뒤로 모아 마주잡은 형태. 일에 적극적으로 나서지 않고 방관하는 자세이기도 하다. "당신은 언제까지 그렇게 ○○만 지고 있을 거야?"

8. '매혹적'이라는 뜻의 영어와 '캠핑'의 합성어. 자연 속에 위치한 호텔, 리조트에 머물면서 바비큐 파티를 하거나 각종 레저를 즐긴다. 캠핑 장비가 모두 갖추어져 있기 때문에 새로운 캠핑 트렌드로 자리 잡았다.

9. 일본 최남단에 위치한 현. 류큐제도와 다이토제도를 관할한다. 류큐 왕국 때의 유산이 보존되어 있어 독특한 문화를 갖고 있고, 자연경관이 아름다워 관광객들이 많이 찾는다.

10. 영국 작가 조지프 콘래드가 집필한 소설로, 아프리카를 향해하는 주인공의 여정을 통해 서구 제국주의를 예리하게 비판한다. 이 소설을 원작으로 만들어진 영화가 바로 〈지옥의 묵시록〉이다.

11. 인류 최초로 달에 발을 내디딘 미국의 우주비행사. #아폴로11호

12. 인공지능 바둑 프로그램 알파고를 제작해 이세돌 9단을 4:1로 물리친 인공지능 개발 회사. 데미스 하사비스, 셰인 레그, 무스타파 술레이만이 2010년 처음 회사를 차렸고, 2014년 구글에 인수되었다.

13. 변강쇠와 옹녀의 성적 관계에 해학을 담아 묘사한 판소리. 최근 몇 년간은 봉태규가 주연을 맡았으나 '쫄딱 망한 영화'로 더 많이 기억되고 있다.

14. 경기도 용인에 위치한 테마파크. 삼성물산에서 소유하고 있기 때문에 뉴스에도 자주 등장하는 이름이다.

15. 쌀, 밀, 옥수수와 함께 주요 곡물 중 하나로 꼽히는 식물. 이걸로 밥을 만들어 먹으면 방귀가 많이 나온다. #맥주

36

1. 한 영화 감독과 오랫동안 여러 작품을 함께 작업하며 그 감독의 영화 세계를 대변하는 배우를 가리키는 말로, 고대 그리스에서 가면극 배우들이 썼던 가면에서 유래했다. 송강호는 봉준호 감독의 ○○○○, 양조위는 왕가위 감독의 ○○○○, 조니 뎁은 팀 버튼 감독의 ○○○○.

2. 국제 테러 조직 알카에다의 하부 조직에서 출발했으나, 2014년 이후 급격히 세력을 확장해 독자적으로 세워진 반군단체. #IS #이라크레반트○○○○○

3. '딱히 힘들이지 않고 간단한 행동을 하는 모양'을 뜻하는 순우리말. #박찬욱감독의복수3부작 #미니시리즈는보통16부작

4. 별 모양으로 생긴 바다생물. 얼핏 봤을 때 눈, 코, 입이 따로 보이지 않지만 몸 아래쪽 한가운데에 입을 감추고 있다.

5. 미국 샌프란시스코 남쪽에 위치한 첨단기술 연구단지를 칭하는 말. 반도체에 쓰이는 '규소'와 단지 주변 산타클라라계곡의 합성어.

6. 밥 위에 돈가스를 올리고 양파 섞인 계란 국물을 밥 위에 끼얹어 먹는 일본식 덮밥 요리. 음식 이름이 '이긴다'를 연상시켜 중요한 시험·시합을 앞두고 많이 찾는다고 한다. #한국에선찹쌀떡 #일본에선○○○

7. 남성 듀오 전람회로 데뷔해 '기억의 습작' 같은 히트곡을 남겼다. 이후 이적과 프로젝트 듀오 '카니발'을 결성해 '그땐 그랬지' '거위의 꿈'과 같은 노래를 발표했다. 그 후에는 롤러코스터의 멤버 이상순과 '베란다 프로젝트'를 만들어 앨범을 발표하기도 했다. #아직솔로활동얘기는하지도못했는데

8. '잠옷'을 뜻하는 외래어로, 페르시아어가 기원이다. #○○○파티

9. 뜨거운 뚝배기 안에 밥과 함께 잘게 썬 단무지, 오이, 김가루, 김치, 가장 중요한 날치알을 넣어 비벼 먹는 음식.

10. 경기·대결 따위를 할 때 가장 기분 나쁜 결과. 앞서고 있다가 형세가 뒤집혀 끝내 짐.

11. 산모 복부와 자궁을 절개해 태아를 분만하는 방법으로, '자연분만'과 구별된다.

12. 북한 평안북도 서쪽에 위치한 특별행정구. 압록강을 경계로 중국과 근접해 있어 지정학적으로 중요한 곳으로 여겨지며, 남북 경제협력이 본격화될 경우 더 큰 역할이 기대된다. #○○○찹쌀순대

13. 해결할 방법이 없어 손을 묶인 것처럼 꼼짝 못 하고 지켜만 봐야 하는 상황을 가리키는 사자성어.

14. 생물체 내에서 정반대의 영향을 미치는 두 가지 작용이 동시에 일어나, 그 효과가 상쇄되는 것을 가리키는 말. #antagonism

15. 외부 요인 탓에 서로 떨어져 살아야 하는 가족을 가리키는 말. 남과 북으로 나뉜 한반도에는 지금도 수많은 ○○○○이 피붙이를 그리워하고 있다.

1. 질문을 받았을 때 말없이 웃기만 하고 선뜻 대답은 하지 않는 것을 가리키는 사자성어로, 당나라 시인 이태백의 시 '산중답인'에 삽입되었다. #○○○○심자한 #빙그레웃고대답하지않으니마음이절로한가롭다

2. 신라의 영토 확장에 크게 기여한 장군. "러일전쟁 직후에 임자 없는 섬이라고 억지로 우기면 정말 곤란해 / 신라장군 ○○○ 지하에서 웃는다"

3. "그 사람은 가씨 성을 가진 사람입니까?" 혹은 "그 사람이 그 유명한 가수 겸 배우 레이디 가가입니까?"를 경상도 사투리로 다섯 글자로 줄이면?

4. 모든 일에 악착같이 달려들어 끈기 있게 임하는 사람을 가리키는 순우리말.

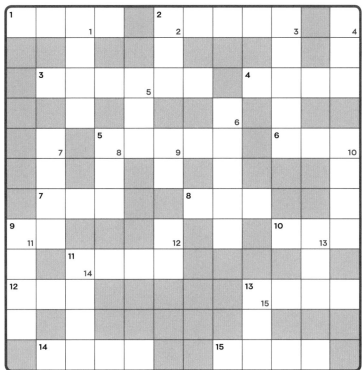

정답 : 114쪽

5. 간식 내기를 하거나 벌칙 수행할 사람을 정할 때 우리가 자주 타는 것. 보통 다리는 사용하지 않고 손과 입을 주로 사용한다. #따라다라단딴 #따라다라단딴

6. 아프리카 대륙에서 가장 높은 산. 현재 활동을 쉬고 있는 휴화산으로, 산 정상이 만년설로 덮여 있다. #먹이를찾아산기슭을어슬렁거리는하이에나를본일이있는가

7. 편의점에서 한 끼 때우기 좋은 음식. #뜯는법 #참치마요네즈 #치즈불닭 #전주비빔밥

8. 경제활동인구 중 구직 의지가 있고 적극적으로 구직 활동 중이지만 현재 일자리를 구하지 못한 사람의 비율.

9. 만화를 그리거나 영화를 만들 때, 어떻게 장면을 구성할지 기본 뼈대를 기록한 일종의 설계도. '스토리보드'와 비슷한 뜻으로 쓰인다.

10. 1992년에 제작된 홍콩 무협영화. 임청하, 이연걸 등 유명 배우들이 출연해 방영 당시 큰 인기를 얻었다.

11. 여행지로 가면서 뭘 먹을지 수다 떨고, 결국 자기가 먹고 싶었던 그 지역의 맛있는 음식을 먹고, 가보고 싶었던 곳을 돌아보고, 숙소로 돌아와 저녁을 먹으면서 다시 수다 떨고, 술도 한잔 하고⋯. 이런 천국 같은 일정을 예능으로 만든 나영석 PD의 예능 프로그램. #볼땐그냥재미로보더라도 #알아두면언젠가한번은쓸데가있을듯

12. 돌○○, 팔○○, 무릎○○, 메모리폼 ○○.

13. 아나운서 출신이지만 아침 라디오를 진행할 때, 지각의 아이콘으로 등극했던 방송인. 프리 선언 후 밉지만 밉지 않은 캐릭터를 구축해 〈나 혼자 산다〉를 비롯한 다수의 프로그램에 출연 중인 그는 말실수로 비판도 받았다.

14. 대한민국의 국제공항 중 하나. 2017년 12월과 2018년 1월, 각각 통신 장비 교신 장애와 기록적인 폭설로 항공편이 지연·취소돼 이용객들의 발이 묶였다.

15. 충북 보은군과 경북 상주시에 걸쳐 있는 산. 최고봉은 천왕봉.

37

1. 요즘 슈퍼에서 찾기 힘든, 떡 모양의 아이스크림. 더위 사냥이나 쌍쌍바보다 훨씬 공평하게 둘이서 나눠먹을 수 있다. #롯데 #since1986

2. 중국 작가 도연명의 저서 《도화원기》에 등장하는 곳으로, 현실에 없는 이상 세계를 뜻한다. 호반 ○, 언덕 ○, 복숭아 ○, 근원 ○.

3. 서양화의 여러 양식 중 각종 안료를 물에 개어 그리는 그림. 기름에 안료를 풀어 사용하는 '유화'와 대비된다.

4. 1970년대에 종교단체에서 펴낸 역사책. 책 제목대로 풀이하면 '환인(환웅), 단군에 대한 오래된 기록'이라는 뜻. 고대 한반도 영토를 지나치게 넓게 인식하는 등 객관적이지 않고 근거가 허술하다는 비판을 받는다. 문화체육관광부 장관 후보로 지명된 도종환 의원을 두고, 《○○○○》와 관련해 '역사관 논란'이 있었다.

5. 대통령의 고유 권한으로, 국가 비상시 국가 안녕과 공공질서 유지를 위해 법률이 정하는 바에 따라 헌법 일부의 효력을 일시 중지하고 군사권을 발동할 수 있는 국가긴급권.

6. "세상에서 가장 어려운 일은 사람의 마음을 얻는 일이야." "너의 장미꽃을 그토록 소중하게 만든 건 그 꽃을 위해 네가 소비한 그 시간이란다." #생텍쥐페리

7. 직사각형 6개로 둘러싸인 도형. 주사위나 택배 박스도 일종의 ○○○○다.

8. 시간이 흘렀음에도 발전이 없고 예전 모습 그대로인 대상을 가리키는 사자성어로, 부정적인 의미를 갖는다. 옛 ○, 모양 ○, 의지할 ○, 그럴 ○.

9. 화려하고 밝은 음색을 지닌 금관악기. 환희와 승리, 왕의 권위 등을 상징해 팡파르의 시작을 알릴 때 많이 활용된다.

10. 결혼하지 않은 직장인 여성의 성공과 로맨스를 다루는 픽션 장르를 가리키는 말. 〈브리짓 존스의 일기〉 〈악마는 프라다를 입는다〉 〈섹스 앤 더 시티〉 〈내 이름은 김

삼순〉 등이 대표적이다.

11. 유대인들이 성경에 나오는 '약속의 땅'을 되찾겠다는 목적으로 팔레스타인에 자기들만의 국가를 건설하려는 민족주의 운동.

12. 소설 《나의 라임오렌지나무》에 등장하는 나무 이름으로, 주인공 제제가 매우 소중하게 여기는 친구다.

13. 가로세로 총 81칸에 숫자를 배열하는 놀이. 18세기의 수학자 오일러가 고안한 '마방진게임'에서 유래했다. 일본의 한 퍼즐 회사에서 '○○○'라는 명칭으로 판매하기 시작한 후로 전 세계적인 인기를 얻었다. #낱말퍼즐이더재밌긴하지만

14. 지방이 혈관 내에 필요 이상으로 쌓여 심근경색, 뇌졸중 등 중대 질환을 일으킬 수 있는 상태. 육식 위주의 식습관, 운동 부족, 술담배 등이 원인으로 꼽힌다.

15. [가로 6번 열쇳말]에 등장하는 나무로, 수명이 매우 길고 특이하게 생겼다.

1. 20세기를 대표하는 코미디 배우 겸 영화 감독. "삶은 멀리서 보면 희극이지만, 가까이서 보면 비극이다." #황금광시대 #모던타임즈 #위대한독재자

2. 1989년 데뷔해 현재 활발하게 활동 중인 뮤지션. 발라드 가수로 많이 알려져 있지만 정작 본인은 록 음악을 좋아해 발라드를 부를 때도 샤우팅을 하는 경우가 있다. 상상을 초월하는 동안이라 붙은 별명 [가로 6번 열쇳말]도 있다. #공연의신

3. 국내의 대표적인 보수 논객 중 하나. 2018년 자유한국당 조직강화특별위원회에 참여했으나 당 지도부와 사사건건 충돌하다가 결국 퇴출되었다.

4. 따로 기간을 정하지 않고 근로계약을 체결한 노동자. 정규직에 비해 임금이 적고, 비정규직에 비해서는 상

정답 : 115쪽

대적으로 안정적인 고용을 인정받는다.

5. 식당이나 카페에 자주 오는 손님을 가리키는 말. "오래 장사하려면 ○○ 만드는 게 중요해!"

6. 팔레스타인 남서부 지방의 한 구역. 이스라엘과 팔레스타인의 무력 충돌이 잦아 '세계의 화약고'라고도 불린다. 지난 8월 이곳에서 약 30년 만에 처음으로 영화가 특별 상영되었는데, 이날 상영된 〈10년〉은 이스라엘 감옥에 갇힌 팔레스타인 사람들을 그린 영화다.

7. 1954년 노벨문학상 수상자. 《누구를 위하여 종은 울리나》 《무기여 잘 있거라》 《노인과 바다》 등의 주옥같은 작품을 남겼다.

8. "신은 죽었다."라는 말을 남긴 독일의 철학자. #프리드리히○○ #차라투스트라는이렇게말했다 #인간적인너무나인간적인

9. ①2010년에 출간된 마이클 샌델의 베스트셀러 : 《○○란 무엇인가》 ②"알량한 ○○감에 불타서 성급한 행동하지 마!"

10. 터치스크린을 구현해 마우스나 키보드가 아닌 손가락과 터치 펜으로 조작하기 쉽도록 만든 소형 컴퓨터. 가벼워서 휴대가 간편하다. #iPad #MediaPad

11. 가늘고 긴 철사 모양의 기생생물. 김명민, 문정희 주연의 동명 영화가 만들어지기도 했다.

12. 사소한 일부터 중요한 일까지, 자꾸 깜빡깜빡 잊어버리는 증상. #Amnesia #아맞다

13. 입수한 [세로 10번 열쇳말] 속 자료를 낱낱이 보도해서 박근혜-최순실 게이트를 밝혀낸 보도 프로그램. #JTBC #손석희 #한걸음더들어가보겠습니다

14. '마지막 공산주의 국가'로 불리는 나라. 영화 〈부에나비스타 소셜 클럽〉의 배경이 된 나라. 카리브해에 자리잡은 섬나라.

15. 탄성이 있는 물질로 나무의 수액을 가공하거나, 석유와 아세틸렌을 합성해 얻는다. 만화 《원피스》의 주인공 루피는 악마의 열매를 먹고 '○○ 인간'이 되었다.

38

가로 열쇠

1. 핀란드 게임 제작사 슈퍼셀에서 개발한 모바일 게임으로, 자원을 생산해 마을을 가꾸고 다른 지역을 공격해 자원을 약탈한다. 2014년 출시된 후 꾸준히 사랑받으며 2018년 5억 다운로드를 돌파했다. #COC

2. 레코드판을 재생하는 기기. 1877년 에디슨이 발명한 축음기에서 쭉 발전해왔다. 카세트테이프와 CD가 나오면서 사라졌으나, 최근 LP 열풍이 불면서 다시 그 가치를 인정받고 있다.

3. '워킹 타이틀'의 대표작 중 하나. 휴 그랜트와 줄리아 로버츠가 주연을 맡았고 영화 후반 흘러나오는 BGM 또한 큰 인기를 얻었다. "She may be the face I can't forget"

4. 시험을 앞두고 미역국을 먹으면 결과가 안 좋다, 중요한 경기 전에 속옷을 갈아입으면 삼진을 당한다 등 특정 행위가 나쁜 결과로 이어진다고 믿는 심리 현상.

5. 2005년에 설립된 대한민국의 정치 분야 여론조사 전문기관. 여론조사 결과와 동떨어진 선거 결과가 자주 나와 이곳을 비롯해 여론조사 기관 전체가 그 신뢰도를 의심받은 바 있다.

6. Acrobat, After Effects, Photoshop, Illustrator, Premiere Pro, InDesign, Animate, Dreamweaver, Muse, Fireworks, Bridge, Encore.

7. 집시법상 '시위'는 2인 이상이 모여야 성립한다는 법의 빈틈을 이용해 혼자서 주장을 전달하는 행동. 보통 정부기관이나 국회, 기업 본사 앞에서 행해진다.

8. YG가 빅뱅 이후 두 번째로 내놓은 보이그룹. YG 연습생 서바이벌 프로그램에서 승리한 A팀.

9. 2012년 런던 올림픽, 2016년 리우데자네이루 올림픽 등에 출전한 리듬체조선수. 뛰어난 실력을 갖췄으나 '언플이 심하다' '김연아와 비교할 수준은 못 된다' 같은 이유로 비판을 받기도 했다.

10. 술과 음식을 푸짐하게 차린 사치스러운 연회를 가리키는 사자성어. 술 ○, 연못 ○, 고기 ○, 수풀 ○.

11. 2016년 5월 28일 ○○○ 승강장에서 스크린도어 정비업체 직원이 열차와 스크린도어 사이에 끼여 사망했다. 이후 노동자 인권이 제대로 지켜지지 않는 한국 사회 시스템에 대한 자성의 목소리가 높아졌다.

12. "서울 사람들은 이걸 소금에 찍어 먹나? 묵을 줄 모르네. 부산에서는 무조건 막장에 찍어 먹는데. 그래야 제대로 묵는 기다. 아이고, 니는 막장이 뭔지도 모리나?"

13. 김은숙 작가+이병헌+김태리+넷플릭스.

14. ①돈이 없을 때 은행에서 발급받는 통장은 '○○○○ 통장' ②A인데 아주 기쁘지만은 않은 학점.

15. 고려시대 무인 집권기에 몽골에 대항한 군사조직. 강화도 → 진도 → 제주도로 근거지를 옮겨가며 항쟁을 이어갔다.

세로 열쇠

1. 작은 보트를 타고 노를 저으며 계곡의 가파른 급류를 헤쳐 나가는 레저 스포츠. 물에 빠질 위험이 크기 때문에 구명조끼를 반드시 입어야 한다.

2. ①웬트워스 밀러가 '석호필'을 연기했던 미국 드라마: 〈프리즌 ○○○○〉 ②〈무한도전〉의 추격전 타이틀: '여드름 ○○○○' ③차를 운전하려면 꼭 한 번은 밟아야 하는 것.

3. 캠핑할 때 많이 사용하는 휴대용품. 가스등에 덮개를 덮은 형태를 띠는데, 요즘은 LED ○○을 많이 이용하는 추세다. DC 코믹스의 '실패한 히어로'로 꼽히는 캐릭터와도 관련이 있다.

4. 납치, 암살, 폭격 등 폭력적인 방식으로 공포감을 느끼게 해서 정치적 목적을 달성하려는 행위나 사상.

5. 독일 분데스리가 바이에른 뮌헨과 독일 국가대표팀에서 오랫동안 주전 골키퍼로 활약 중인 축구선수. 넓은

정답 : 115쪽

활동 반경을 바탕으로 방어력이 뛰어나고 패스 성공률 또한 높다. 2018년 러시아 월드컵 한국전에서 골문을 비워두고 공격에 가담했다가 공을 빼앗겨 손흥민에게 쐐기골을 헌납했다. #마누엘○○○

6. 2016년 8월부터 민음사가 격월간으로 펴내는 문예잡지. "무엇보다 예전부터 지금까지 그리고 앞으로도 문학은 계속해서 읽을 만하며, 읽어야 하며, 읽기에 즐거운 것이라는 점을 증명하고자 한다." #읽고쓰는사람들을위한잡지

7. 한국계 미국인 2세로서 어릴 때부터 LPGA에서 훌륭한 성적을 거두며 기대를 모았던 골프선수. 한때 기대에 미치지 못한다는 평가도 받았으나 LPGA에서 꾸준히 활동하며 부활을 꿈꾸고 있다.

8. 1도 아니고, 2도 아니다. 즉, 헤아릴 수 없이 매우 많다는 뜻의 사자성어. "너무 호들갑 떨지 마. 이 일 하다 보면 이런 경우는 ○○○○해."

9. 1984년 산울림 원곡, 2014년 아이유 리메이크. "슬픔은 간이역에 코스모스로 피고 / 스쳐 불어온 넌 향긋한 바람"

10. 숫자는 큰 것부터 작은 것으로, 알파벳은 Z에서 A로, 한글은 ㅎ에서 ㄱ으로 정렬하는 방식을 이르는 말.

11. 1980년 설립된 국내의 대표적인 뉴스통신사. 신문사와 방송국에 뉴스를 공급한다. 언론기관 통폐합조치 이후 탄생했고, 90년대 말 지금의 사명으로 바뀌었다.

12. '썸머' in 〈500일의 썸머〉

13. 환각 작용이 있어 마약으로 분류되는 것. 최근 몇 년간 '의료용 ○○○'는 합법화해야 한다는 주장이 나오고 있다. #marijuana #cannabis

14. '비싼 음식'의 예시로 흔히 등장하는 요리. 나는 아직 이거 못 먹어봤다. #콜린파렐 #레이첼와이즈

15. 가톨릭에서 가장 중요하게 여겨지는 의식 중 하나. 한국어 같지만 라틴어에서 유래했다. 보통 일요일 오전에 열리며, 당사자의 종교관에 따라 혼례식이나 장례식 때도 열린다.

39

가로 열쇠

1. 중동의 이슬람 문화권에서 추던 민속무용이 진화한 춤으로, 보통 여성들이 많이 춘다. 허리와 배, 골반 움직임의 비중이 크다는 것이 특징이다.

2. 《해리 포터》 시리즈에 나오는 마법사들의 스포츠로, 빗자루를 타고 날아다니며 상대편 골대에 공을 넣는다. 수색꾼이 날아다니는 금색 공(스니치)을 잡으면 곧바로 승리. 실제로 해외에서는 2012년부터 2년마다 'OOO 월드컵'이 열린다. #님들님부스2000있어요?

3. 호흡법을 연습해 몸의 근육을 이완시키고 출산할 때의 고통을 줄이는 분만법. 프랑스의 산부인과 의사 페르난도 OOO가 체계화하며 전 세계에 보급되었다.

4. 축구 경기의 특수 포지션으로, 공을 손으로 잡을 수 있다. 필드 플레이어들과는 다른 색의 유니폼을 입으며, 항상 장갑을 낀다. #OOO없다고골안들어가냐

5. 새로운 상품 출시를 앞두고 기자나 업계 관계자들에게 먼저 선보이는 행사. 최근에는 가수들이 새 앨범을 발표할 때 이것을 연다.

6. 종로5가에 위치한 대한민국 최초의 상설시장이자 재래시장. 먹자골목에서는 육회, 빈대떡, 완자, 마약김밥, 잔치국수, 닭발 등을 파는데, 매일같이 북적거린다.

7. 20세기 중반, 할리우드를 대표하는 '섹스 심벌(sex symbol)'로 불리며 큰 인기를 얻었던 배우. 현대 아티스트 앤디 워홀이 그녀를 주제로 작품을 만들어 호평받기도 했다. #금발 #입가의점 #바람에날리는흰색치마

8. 〈경성학교 : 사라진 소녀들〉〈베테랑〉〈사도〉〈검은 사제들〉의 교집합.

9. ①이스라엘의 종교 지도자. 바닷물이 갈라지는 'OO의 기적'으로 널리 알려져 있다. ②2005년에 데뷔한 발라드 가수. 데뷔곡 '사랑인걸'이 크게 히트했으나 이후 별다른 성과를 내지 못하고 있다.

10. 한국의 평범한 며느리가 평범한 시댁 식구들과 만났을 때 어떤 고충을 겪는지 리얼하게 보여주며 '2017 오늘의 우리만화상'을 수상한 웹툰. #수신지

11. 눈 위에 또 서리가 내린다는 뜻으로, 어려운 일이 겹침을 이르는 사자성어.

12. 야구 경기에서, 타자가 스트라이크 혹은 헛스윙을 한 타석에서 세 번 하면 당하는 것. 규칙을 세 번 어기면 무조건 엄하게 벌하는 제도를 가리켜 'OOOO제'라 부르기도 한다. #음주운전 #데이트폭력

13. 2012년부터 토요일 오후 KBS에서 방영되는 예능 프로그램. 여러 명의 가수들이 나와 기존의 히트곡들을 재해석해 경연을 펼치는 포맷이다. 한때 인기 예능이었던 〈무한도전〉과 방영 시간이 겹쳐서 부침이 있었으나 지금까지도 꾸준히 방영되고 있다.

14. 고대 이집트에서 왕의 무덤으로 사용되었다고 추정되는 모양의 건축물. 거대한 크기임에도 기하학적 완성도가 높아 세계 7대 불가사의 중 하나로 꼽는다.

15. 어버이날과 스승의날에 많이 팔리는 꽃.

세로 열쇠

1. 〈캐롤〉의 토드 헤인즈 감독이 연출하고 이완 맥그리거, 조나단 리스 마이어스, 크리스천 베일이 출연한 1998년작. "극 중에서 반짝이는 모든 것에 기꺼이 속고 싶다." by 이동진

2. 필리핀을 비롯한 동남아 지방에서 나는 과일로, 귤처럼 새콤달콤하고 시큼한 맛이 난다. 디톡스 효과가 높은 것으로 알려져 있고, 근래에 이 열매로 에이드를 만들고 소주에 향을 첨가하는 등 많이 활용된다.

3. 김영하의 장편소설, 로버트 레드포드 감독의 영화, 슬럼독 밀리어네어, 잼라이브의 공통점.

4. 댄스 스포츠의 일종으로, '스탠다드' 종목에 속한다. 4분의 4박자 춤으로 경쾌하고 빠른 스텝이 특징인데, 그래서 초심자가 배우기에 결코 쉽지 않다.

정답 : 115쪽

5. 철광석으로 선철을 만드는 데 이용되는 장비. 포항제철, 현대제철 등 철강기업의 상징물로 쓰인다. #쇳물 #HOT뜨거

6. 이원복 교수가 펴낸 세계사 책으로, 90년대 학습만화의 레전드로 손꼽힌다. 관점이 편향적이라는 비판도 있지만, 쉽게 세계사를 이해하는 데 도움이 되기 때문에 어린이뿐 아니라 어른들도 많이 읽었다.

7. 음란하고 상스러운 이야기를 가리키는 사자성어. 이걸 좋아하는 사람도 적지 않지만, 눈치 없이 아무 데서나 이걸 했다가 뒤에서 욕을 먹기도 한다.

8. 한 전직 대통령을 사랑하는 사람들의 모임. 원래는 한 정치인의 팬클럽이었으나 그 정치인의 잘못된 행동이 드러난 후에도 맹목적인 지지가 계속되어 국민들에게 조롱과 질타를 받았다. #503

9. 인도를 비롯한 아열대 지방에서 주로 자라는 허브과 식물. 최근 들어 영양소가 풍부한 슈퍼푸드로 각광받으며 '생명의 나무'로도 불리지만 남용할 경우 체질에 따라 복통, 설사 등의 부작용이 있을 수도 있다.

10. 지방에 살던 사람에게는 한강, 남산과 함께 서울의 랜드마크로 여겨지는 건물. 한때 아시아에서 가장 높은 빌딩이었으나 지금은 명함을 못 내민다. #아쿠아리움

11. 조선시대 최초의 가사 문학. 조정의 문신이었던 정극인이 속세를 떠나 자연에 묻혀 사는 인생의 즐거움을 담은 작품이다.

12. 한밤중에 즐기는 정월대보름 민속놀이. 깡통에 불을 붙여 돌리며 뛰어다니는 놀이.

13. 러시아 사람들이 즐겨 마시는 무색무취의 도수가 높은 증류주. #앱솔루트

14. 로마 제국의 황제이자 철학자인 마르쿠스 아우렐리우스가 머릿속에 떠오른 생각들을 단편적으로 기록한 책. 원제는 '타 에이스 헤아우톤'(자신에게 이야기한 일).

15. 하와이안, 마루, 핫, 콤비네이션, 고구마, 미스터, 도미노.

40

1. 한국 드라마의 퀄리티를 한 단계 높였다는 평가를 받는 작가. 대표작은 〈꽃보다 아름다워〉 〈그들이 사는 세상〉 〈디어 마이 프렌즈〉 〈라이브〉 등이 있다.

2. 동물의 가죽을 이용하거나 화학처리를 하지 않고 천연 면이나 천으로 만든 가방. 동물의 인권을 생각하고 일회용 비닐봉지 사용을 줄인다는 환경친화 목적으로 만들어졌다. #나름패션아이템

3. 인간을 비롯한 생물체를 구성하는 기본 성분이자, 필수 영양소. 머리카락을 태웠을 때 나는 냄새는 바로 '○○○'이 타는 냄새다.

4. 틀어 올린 머리가 풀어지지 않도록 꽂는 장식품. #簪

5. '인류 최초로 비행기를 타고 하늘을 날았다'고 알려진 두 사람. 이들의 첫 비행일은 1903년 12월 17일로, 12초 동안 36.5미터를 비행했다.

6. 사람의 몸속에 카메라를 삽입해 내부를 볼 수 있는 도구이자, 건강검진을 하려면 피할 수 없는 것. 최근 '수면 ○○○'을 하는 경우가 늘어나고 있다.

7. 유희열의 프로젝트 그룹 'TOY'가 1996년 발표한 2집 앨범 수록곡. "아무런 약속도 없는 일요일 오후 / 늦게 잠에서 깬 이유 없이 괜히 서글퍼질 땐 / 그대 곁에 세상 누구보다 그댈 이해하는 내 자신보다 그댈 먼저 생각하는 남자가 있죠"

8. 사람이 죽고 나서 묻히는 곳. 그 위를 흙으로 쌓는 형태를 먼저 떠올리지만 평평한 형태의 돌을 올리는 경우도 많다. #고인돌 #공동묘지

9. 중국 만리장성, 이탈리아 콜로세움, 페루 마추픽추, 인도 타지마할, 요르단 페트라, 멕시코 치첸 이트사, 브라질 예수상. #新세계7대○○○○

10. 미국 메이저리그 LA 다저스에서 활약한 한국인 투수. 한국 선수가 메이저리그에 진출하는 데 토대를 닦은 한국 야구계의 레전드로 꼽히지만, 최근에는 '투머치 토커'로 더 명성을 떨치고 있다. #제가LA에있을때말이죠

11. 대법관, 감사원장, 국무총리, 국회의원, 당 총재 등 눈부신 이력을 가졌지만 대통령 선거에서 세 번 낙마한 정치인.

12. 645년 고구려 군대가 백성들과 힘을 합쳐 당나라 군대를 물리친 곳. 2018년 조인성 주연의 영화로 만들어지기도 했다. #양만춘

13. 탄자니아에 위치한 국립공원. '끝없는 초원'이라는 뜻의 이름처럼 광활한 이곳에는 초식동물, 육식동물 가릴 것 없이 세계에서 가장 많은 수의 동물들이 살고 있다.

14. 일곱 번 넘어져도 여덟 번째 다시 일어난다. 실패를 거듭해도 포기하지 않고 노력한다는 뜻의 사자성어.

15. 로마 카이사르, 프랑스 나폴레옹, 독일 히틀러, 러시아 스탈린, 북한 김정일, 한국 박정희, 중국 마오쩌둥, 유고슬라비아 티토, 리비아 카다피, 루마니아 차우셰스쿠, 쿠바 피델 카스트로, 캄보디아 폴 포트….

1. 아이를 낳으면서 일을 쉰 뒤, 이후 일자리를 쉽게 찾지 못하는 여성을 가리키는 신조어. #줄임말

2. 일본의 대표적인 특수촬영물에 등장하는 초대형 괴수. 이후 할리우드에서 여러 번 리메이크했고, 애니메이션으로도 만들어졌다.

3. ①컴퓨터를 사용하다가 겪는 가장 짜증나는 상황 중 하나 : "○○가 발생했습니다. 다시 시도해주세요." ②야구 경기에서 수비를 하다가 실수를 저질렀을 때, 이를 가리키는 외래어.

4. 학교에서 국어시간에 배우는 계용묵 작가의 단편소설. 말을 못해 주변 사람들에게 무시당하는 주인공의 비극을 그려내고 있다.

5. 동남아시아. 미국과 오랫동안 전쟁을 벌인 나라. 오토바이가 상상을 초월할 정도로 많고 쌀국수가 맛있는

정답 : 115쪽

나라. 박항서가 영웅 대접을 받는 나라.

6. 피○○○, 생선○○○, 젖○○○, 콩○○○, 계란○○
○, 물○○○. #역한냄새

7. 19세기 중반 미국인들이 조선에 통상을 요구하기 위해
타고 온 배. 당시 쇄국 정책에 따라 이 배는 불태워졌
고, 이 사건은 신미양요의 원인이 되었다.

8. 의료 지원의 부족, 무력 분쟁, 전염병, 자연재해 등으로
생존의 위협에 처한 사람들을 위해 긴급구호 활동을
펼치는 국제 인도주의 의료구호단체. 1971년 프랑스
의사들과 의학 전문 언론인들에 의해 설립되었다.

9. ①이탈리아, 러시아 등에 많은 것으로 알려진 범죄 조
직. ②서로 자기가 시민이라고 주장하며 끝까지 살아
남아야 하는 추리게임. #밤이되었습니다 #대부

10. 태어나면서부터 팔다리가 없어 전동 휠체어를 타고 다
녀야 했던 일본인 오토다케 히로타다가 자신의 인생
과 생각을 담아낸 책. 일본은 물론 한국에서도 베스트
셀러가 되었다. 그러나 2016년 5명의 여자와 불륜을

저질렀다는 사실이 밝혀져 충격과 공포를….

11. 무슨 상품인지 알 수 없도록 상자에 넣어 판매하는 것.
확실히 열어보는 재미는 있지만 무엇이 나올지 알 수
없어서 도박성 상술이라는 비판을 받기도 한다. 피파
온라인, 메이플스토리, 서든어택 등 수많은 온라인 게
임들이 이 시스템을 이용한다.

12. 기독교에서 섬기는 신을 욕되게 하는 모든 행위를 통
칭하는 말.

13. 구약성서의 첫 권으로, 천지창조 이후 최초의 인간인
아담이 탄생하는 순간과 그 이후의 이야기를 담고 있
다. #빛이있으라

14. 어떤 대상 혹은 어떤 현상에 대해 반대하거나 싫어하
는 것을 가리키는 말. "악플 다는 ○○팬들이 너무 많
아." "상처난 곳에는 ○○프라민을 발라야지." #엥?

15. 호텔, 펜션, 게스트하우스 등 전국의 모든 숙소를 취급
하지만, 흔히 '모텔 관련 업체'로 인식되는 기업. 하니,
육성재 등 인기 연예인들이 광고 모델로 활동했다.

41

가로 열쇠

1. ①보드카 베이스에 오렌지, 라임 등을 넣어 만든 칵테일. ②한 국가에 국한되지 않고 세계를 무대로 활동하거나 세계주의자로서의 자의식을 가진 사람을 가리키는 말. ③패션, 뷰티, 라이프스타일을 다루는 여성잡지.

2. 연말에 산타클로스와 함께 가장 바쁘게 전 세계를 돌아다니며 선물을 나눠주는 사슴. "○○○ 사슴코는 매우 반짝이는 코 / 만일 네가 봤다면 불 붙는다 했겠지"

3. 도시 어디에서도 쉽게 눈에 띄는 초고층 건물을 가리키는 말. #엠파이어스테이트빌딩 #부르즈할리파

4. 우산을 챙긴 날엔 비가 안 오고 빈손으로 나온 날엔 꼭 비가 오는 기적. '이게 다 ○○○○ 때문이다.' 믿을 수 없는 것의 대명사. #기상청파이팅

5. 최근 몇 년간 한국 힙합 씬에서 가장 인정받는 래퍼 중 하나. 대마초 흡입으로 징역을 살았으나 2015년 발매한 정규 앨범 〈The Anecdote〉가 평론가들과 힙합 마니아들에게 폭발적인 반응을 얻으며 그해 한국대중음악상 올해의 음반으로 선정되었다.

6. 일단은 레진 – 그 다음은 크라운 – 그래도 안되겠으면 임플란트 – 최후의 수단은? #지금은맞고그때는○○다

7. ①동력 없이 트럭이나 트랙터 뒤에 연결되어 짐이나 사람을 실어 나르는 차량. ②영화 예고편 영상. ③츄레라.

8. ①"어느 날 우연히 그 사람 보는 순간 / 다리에 힘이 풀려 주저앉고 말았지 / 그토록 애가 타게 찾아 헤맨 나의 이상형" ②베토벤 교향곡 제5번 c단조 op.67.

9. 상업적 이익을 목적으로 만들어지는 대중가요와 달리 노동운동, 사회운동을 할 때 활용하기 위해 만드는 노래를 통칭하는 말. #광야에서 #바위처럼 #솔아솔아푸르른솔아 #진실은침몰하지않는다

10. 송혜교♡송중기.

11. 스스로 부끄러워하는 마음. 박근혜 전 대통령의 대국민담화에서 언급된 이 단어는 당시 가장 많이 언급된 유행어가 됐다. #내가이러려고대통령을했나하는○○

○이들정도로괴롭기만합니다 #우리는어땠겠어요

12. 습한 곳에서 자라는 녹색 식물. #윤태호 #강우석 #정재영 #박해일

13. 태권도와 함께 자주 언급되는 종합무술. 광복 후 일본에서 귀국한 '최용술'이 도장을 열고 가르친 것이 시초.

14. 우주 공간에서 지구의 둘레를 돌며 군사정보, 기상정보, 통신정보 등을 보내오도록 만들어진 첨단기기. 쓰임새에 따라 화성, 목성 등 다른 행성의 주변을 돌게 만들어진 '○○○○'도 있다. #스푸트니크 #우리별

15. 고종의 딸이며, 일본으로 강제 유학을 가 신경쇠약에 시달리는 등 비극적인 역사 속에서 힘든 인생을 살았던 인물. 영화에서 배우 손예진이 연기하기도 했다.

세로 열쇠

1. 에단 호크, 샐리 호킨스 주연의 멜로영화 〈내 사랑〉의 모델이 된 실제 인물. 캐나다에서 가장 사랑받는 화가가 된 그는 평생 고향의 작은 오두막집에 살며 아름다운 그림들을 남겼다.

2. 대통령, 국무총리 등 신분이 보장된 고위 공무원이 중대한 잘못을 저질렀을 경우, 의회의 주도 아래 파면할 수 있도록 만들어진 제도. #2017년3월10일

3. 클라리넷 연주자인 제임스 프리먼이 2002년 한 차고에서 창업한 스페셜티 커피 브랜드. 커피계의 애플로 불린다. '핸드 드립' 방식으로 입소문을 타면서 파란색 병이 그려진 독특한 로고도 인기를 얻었다.

4. 옷에서 손목을 덮는 부분을 총칭하는 말. 요즘엔 셔츠나 블라우스의 소매 끝에 다는 장식을 뜻하는 말로도 자주 쓰인다.

5. 컴퓨터에서 일반 텍스트 문서의 양식을 편집하는 문법으로, 2004년 존 그루버에 의해 만들어졌다. #html로 변환가능

정답 : 116쪽

6. 구운 식빵을 가리키는 말로, '굽다'라는 뜻의 라틴어에서 유래했다. 버터, 마가린이나 계란을 겉면에 발라 굽고, 구운 후 잼을 발라 먹기도 한다. #이삭○○○ #석봉○○○ #프렌치○○○ #하이○○○ #카야○○○

7. 한 가지 일로 쉽게 기뻐하고, 한 가지 일로 쉽게 슬퍼한다는 뜻의 사자성어. 소신 없이 '○○○○'하다가는 오히려 일을 그르칠 수 있다.

8. 영화 〈친구〉의 수많은 명대사 중 하나. 어린 시절 절친한 친구였으나 자란 뒤 서로 다른 조직의 라이벌이 된 동수와 준석. 준석은 동수를 위하는 마음에 한국을 떠나라고 제안하지만, 동수는 거절하며 이렇게 말한다.

9. "내장은 창란젓, 알은 명란젓, 아가미로 만든 아가미젓, 눈알은 구워서 술안주하고, 괴기는 국을 끓여먹고, 어느 하나 버릴 것 없는 ○○, 그 기름으로는 또 약용으로 쓰인데이제이요 에이" #강산에

10. 조선시대에 허준이 펴낸 의학 서적으로, 유네스코에 등재된 세계기록유산이자 국보 제319호이다. #○○?

#어.○○

11. 노란색 꽃이 진 뒤 모습을 드러내는 솜털 모양의 씨앗을 '후~' 하고 불면 바람 타고 날아가 종자를 퍼뜨리는 식물. #일편단심○○○

12. 사회 분위기가 보수적이던 1950년대에 발표된 소설. 대학 교수 부인의 불륜을 담아 당시 사회에 충격을 줬다. 신문에 연재된 이 소설은 책으로 출간되어 베스트셀러가 됐고, 이후 영화로도 만들어졌다.

13. ①사회에서 더불어 살아가기 위해 지켜야 할 기본 규칙. ②도끼+더콰이엇+슈퍼비+플로우식+면도=? "떠오르는 히트곡과 명곡의 Sign"

14. 식물이 빛을 받아 살아가는 데 필요한 양분을 스스로 만들어내는 과정. "오전 내내 일만 했으니 잠깐 나가서 ○○○ 좀 하자! 오늘 날씨도 좋은데!"

15. 한 꼭지점에서 만나는 두 개의 선이 있을 때, 두 선 사이의 각도를 가리키는 말. "각 A는 변 AB와 변 AC의 ○○○입니다."

42

가로 열쇠

1. 본사 자체로도 규모가 크지만, 애니북스, 글항아리, 달, 이봄, 엘릭시르, 교유서가 등 다양한 임프린트 브랜드를 보유한 출판사.

2. 진보적인 방향으로 사회 변화가 일어날 때, 이에 반발하는 행동이나 심리 상태. 주로 기득권을 누리고 있는 사람들에게서 나타난다. #수전팔루디

3. 래퍼 김진표와 함께 같은 그룹 멤버로 활동했던 뮤지션. 이후 솔로로 데뷔해 'Rain' '하늘을 달리다' '다행이다'와 같은 히트곡을 남겼다. #지나간것은지나간대로그런의미가있다고요? #거짓말거짓말거짓말

4. 의사처럼 법적으로 의료인 자격을 가진 사람을 가리키는 말. 최근 신입을 가르친다는 명분으로 심하게 괴롭히는 '태움 문화'가 논란이 되기도 했다. #나이팅게일

5. 소득이 있을 때 보험료를 납부하여, 나이가 들거나 갑작스런 사고로 소득 활동이 중단됐을 때 본인이나 유족이 보험금을 받아 기본생활을 유지할 수 있게 하는 제도. #4대보험중하나 #18세이상60세미만은의무가입

6. 집안이 화목해야 모든 일이 잘 이루어진다는 뜻의 한자성어. 집 ○, 조화로울 ○, 일만 ○, 일 ○, 이룰 ○.

7. 싱글녀의 먹방을 현실의 팍팍함과 녹여낸 웹드라마. 2013년에 방영된 시즌 1에 이어, 2016년 1월 시즌 2가 공개돼 주간 순위 1위를 차지하는 등 큰 호응을 얻었다. 〈출중한 여자〉와 헷갈리지 말 것.

8. "동무는 어느 쪽으로 가겠소?" "○○○." 그들은 서로 쳐다본다. 앉으라고 하던 장교가, 윗몸을 테이블 위로 바싹 내밀면서, 말한다. "동무, ○○○도, 마찬가지 자본주의 나라요. 굶주림과 범죄가 우글대는 낯선 곳에 가서 어쩌는 거요?" "○○○." - 최인훈의 《광장》 中

9. 바늘처럼 작은 일을 막대기처럼 크게 부풀려 말한다는 뜻의 고사성어. 바늘 ○, 작을 ○, 막대기 ○, 큰 ○.

10. "뭐 저리 ○○○ 같이 굴어?" 어리석은 사람을 낮잡아 이르는 말. 이청준의 소설 제목 《병신과 ○○○》

11. 런던에서 약 130km 떨어진 솔즈베리평원에 위치한 고대 유적. 여러 개의 돌기둥이 늘어서 있는 모양으로, 누가 언제 어떻게 만들었는지 명확하게 밝혀지지 않은 부분이 많다. 이집트의 피라미드, 중국의 만리장성, 이탈리아의 피사의 사탑 등과 함께 '세계 7대 불가사의'로 꼽힌다.

12. 죽은 죽인데 노란빛을 띠는 죽으로, 맛이 달달하다.

13. 일본 봉건 시대의 무사를 가리키는 말로, 허리춤에 칼을 차고 다녀도 별다른 제지를 받지 않았다. #7인의○○○○

14. 유속이 느린 하천 하구에 퇴적물이 쌓여서 만들어지는 지형. #delta

15. 2008년 국내 개봉한 뮤지컬영화. 스웨덴의 혼성 그룹 '아바'의 음악들로 만들어졌다. 아만다 사이프리드, 메릴 스트립 등이 10년 만에 다시 출연하는 〈○○○○! 2〉가 2018년 여름 개봉했다. #HereWeGoAgain!

세로 열쇠

1. 대학 신입생 및 재학생들의 학비 부담을 줄여 학업에 전념할 수 있도록 해주는 경제 지원 정책. 하지만 워낙 등록금, 교재비, 주거비 등이 비싸다 보니 대학생들은 졸업 후에도 이것에 묶여 허덕이는 경우가 많다ㅠㅠ.

2. 한국에서 가장 영향력이 큰 포털 사이트. IT 대기업이라 하기에 손색이 없을 정도로 사업 규모가 크다.

3. 대학에서 학생을 가르치는 사람 중 정교수가 아닌 자. 연봉, 고용 안정성 등 처우가 지나치게 열악해 대학의 구조적 문제 중 하나로 손꼽히고 있다. #나는지방대○○○○다

4. 청룡영화상 남우주연상을 세 차례 수상한 배우. 〈쉬리〉∩〈악마를 보았다〉∩〈범죄와의 전쟁 : 나쁜놈들 전성시대〉∩〈신세계〉∩〈명량〉 #누구냐너 #느그서장남

정답 : 116쪽

천동살제 #신에게는아직열두척의배가남아있습니다

5. 납작하게 생긴 생선. 광어, 도다리와 닮았다. #물○○○ #기름○○○

6. 교시 : 인의예지(仁義禮智) / 건학이념 : 수기치인(修己治人) / 교목 : 은행나무 / 심볼마크 : 은행잎 / 슬로건 : Unique origin, Unique Future / 설립자 : 김창숙.

7. 뇌에 혈액을 전달하는 혈관이 막히거나 터져 뇌세포에 혈액이 공급되지 않아 몸이 마비되는 질환. #stroke

8. 2018년 5월부터 '출입국·외국인청'으로 명칭이 바뀐 법무부 소속기관. 입국 또는 출국하는 사람에 대한 심사와 체류 중인 외국인 관리 등의 업무를 맡고 있다.

9. KBO리그에 소속된 야구팀 중 하나로, 대전을 연고지로 한다. 2007년 이후 10년 동안 포스트시즌에 진출하지 못해 '약체의 대명사'로 불리는 수모를 당해왔으나 2018년 3위로 감격적인 가을 야구를 하게 됐다. #육성응원 #마리○○

10. 생김새나 행동 패턴이 인간과 가장 비슷하다고 여겨지는 동물. 학명은 'Pan troglodytes'.

11. 2000년 〈플란다스의 개〉로 데뷔한 후 박찬욱 감독과 함께 한국 영화계를 하드캐리하고 있다는 평가를 들어온, '믿고 보는 감독' 중 하나. 〈살인의 추억〉〈괴물〉〈마더〉〈설국열차〉〈옥자〉

12. 지나치게 질퍽하거나 엉망진창인 상태를 가리키는 말. ①난 꼬들꼬들한 밥이 좋은데 오늘은 실수하는 바람에 밥이 '○○'이 되어버렸다. ②얼마나 맞았는지 얼굴이 '○○'이 되어버렸어.

13. 선거 때는 "국회의원은 국민의 '○○'"이라며 열심히 하겠다고 뽑아달라더니, 뽑힌 뒤에는 '상전' 노릇만 하려 한다.

14. 주로 공무원 시험, 공인중개사 자격 시험 등 각종 수험서와 어학서를 펴내는 출판사 및 공무원 학원 이름. #최신시사상식

15. 이슬람교 교단 조직의 지도자를 가리키는 말. 아랍어로 '모범이 되는 자'를 뜻한다.

43

가로 열쇠

1. 〈1박 2일〉 출신 유호진 PD가 연출하고 지진희, 차태현, 조세호, 배정남 등이 출연한 KBS 오지 탐험 예능 프로그램. 오만의 아라비아사막과 스코틀랜드의 스카이섬을 탐험했다. 다른 예능처럼 호들갑스럽지 않고 담백하게 리얼한 포맷이 호평을 받았으나 경쟁 프로그램들이 워낙 어마어마해 시청률은 매우 낮았다.

2. 호그와트 마법학교의 우등생. 처음엔 해리포터와 론을 좋아하지 않았지만, 이내 가장 친한 3인방이 된다. 수업시간 교수님의 질문에 손을 들고 대답하는데, 솔직히 아주 조금 얄밉다. #엠마왓슨 #허마이어니

3. 그냥 넘어가도 될 정도로 남들 다 아는 얘기를 굳이 아는 척하며 쓸데없이 자세하게 얘기하는 사람을 가리키는 신조어.

4. 카이로가 수도인 북아프리카의 아랍 국가. 고대 문명이 발전했던 것으로 유명해 피라미드, 파라오 등이 자연스럽게 연상된다. #모하메드살라

5. "나 보기가 역겨워 / 가실 때에는 / 말없이 고이 보내 드리우리다 // 영변에 약산 / ○○○○ / 아름따다 가실 길에 뿌리우리다 // 가시는 걸음걸음 / 놓인 그 꽃을 / 사뿐히 즈려밟고 가시옵소서" #김소월

6. 대한민국 제15대 대통령. '햇볕정책'을 펴 남북 관계를 발전시키는 데 기여했다는 이유로 노벨 평화상을 받았다. 2009년 8월 세상을 떠났다.

7. 넙치과의 어류로, 횟집에 가면 보통 '우럭'과 함께 가장 흔하게 주문하는 환살 생선.

8. 미국 록 밴드 너바나의 기타리스트 겸 보컬. 90년대 대중음악을 상징하는 슈퍼스타였지만, 샷건으로 자신의 머리를 쏴서 자살해 팬들에게 충격을 줬다. 소설가 김경욱은 《누가 ○○ ○○○을 죽였는가?》라는 제목의 소설을 발표하기도 했다. #Smellsliketeenspirit

9. 맥아더, 박정희, 스티비 원더, 이승철, 자이언티.

10. 서울과 신의주를 잇는 총 길이 518.5km의 철도로, 경부선, 경인선에 이어 세 번째로 만들어졌다. 그러나 남북 분단으로 끊어져, 지금은 서울의 교외로 나가는 '배차 간격이 큰 지하철 노선'으로만 여겨지고 있다.

11. [세로 12번 열쇳말], 탱고, 퀵스텝과 같은 스탠다드 댄스, 자이브, 춤바, 삼바와 같은 라틴 댄스를 총칭하는 말.

12. "민중은 개·돼지로 취급하면 된다."라고 말해 국민들의 분노를 산 전직 고위 관료. 이후 파면이 의결되었으나 현재는 다시 복귀해 공무원으로 일하고 있다….

13. 상권이 발달해 유동인구가 많은 번화가를 가리키는 말. 목동, 일산, 천호동 등 수도권 곳곳에 이게 있는데, 아무래도 가장 유명한 건 압구정 ○○○○○다.

14. 겨울을 이겨내고 꽃을 피우는 식물. 낙선, 납치, 투옥 등 갖은 고초를 겪은 뒤 대통령이 된 [가로 6번 열쇳말]의 별명이기도 하다.

15. 신체에서 가장 중요한 기관의 활동이 갑자기 중단되어 심각한 뇌 손상이나 사망으로 이어지는 것. 많은 사망 사고의 원인이 바로 이 '○○○○'다.

세로 열쇠

1. ①다른 생물체를 숙주로 삼고 숙주로부터 양분을 얻어 살아가는 생물체. ②스스로 돈을 벌지 않고 빈둥거리며 밥만 축내는 사람에게 하는 욕 : "야, 이 ○○○ 같은 놈아!" ③〈옥자〉 이후 봉준호 감독이 연출한 영화.

2. 6세 미만의 영유아를 돌보고 교육하는 기관. 교육보다는 '돌봄'이 주목적이다 보니 교육부 소속인 '유치원'과는 달리 보건복지부 소속이다.

3. 아틀레티코 마드리드를 거쳐 맨체스터 유나이티드에서 활약 중인 스페인 출신 골키퍼. 긴 팔과 뛰어난 반사신경으로, 경기마다 멋진 선방을 기록하며 소속팀을 몇 시즌째 먹여 살리고 있다. #다비드○○○

4. 일이 재밌게 돌아가는 상황을 가리키는 한자어로, 몰

입도가 높은 영화나 즐거운 여행 코스를 수식하는 말로 자주 쓰인다. 일으킬 ○, 맛 ○, 땀 ○, 땀 ○.

5. 한국인 축구선수 안정환의 선수 시절 별명. 이탈리아 리그에서 활약할 당시 만들어졌다. #2002월드컵이후 이탈리아와의마무리는좋지않았지만

6. 일본인 작가 가와바타 야스나리의 대표작으로, 일본 소설로는 최초로 노벨 문학상을 받았다. "국경의 긴 터널을 빠져나오자, ○○이었다."

7. 5~6월에 피는 자줏빛 꽃. 영어 이름은 '아이리스'(Iris).

8. 1953년 처음 발견된, DNA의 일반적인 형태. 이것을 발견한 제임스 왓슨이 그 과정을 써내려간 책의 제목이기도 하다.

9. 2016년 9월 방송을 시작한 뒤, 청취율 1위로 올라선 교통방송의 라디오 시사 프로그램. 인기 팟캐스트 '나는 꼼수다' 진행자의 복귀작인데다, '박근혜-최순실 게이트'가 터진 시기와 맞물려 급격히 청취율이 높아졌다.

10. 여러 가지 아슬아슬한 묘기를 선보이는 공연을 가리키는 말. 동물 학대, 아동 학대 논란이 일기도 했지만, ○○○의 가장 큰 적은 TV를 비롯한 대중매체의 보급이었다. #위대한쇼맨 #동춘○○○ #태양의○○○

11. 셰익스피어의 희극 작품. 안토니오가 고리대금업자 샤일록에게 돈을 빌렸다가 목숨을 잃을 위기에 놓이지만 기지를 발휘해 위기를 모면하는 이야기.

12. 4분의 3박자에 맞춰 추는 춤이자 음악. 원무곡이라고도 한다. #스탠다드댄스 #봄의○○

13. '맛있는 물'이라는 뜻을 가진 케냐의 수도. 아프리카에서는 가장 발달한 대도시 중 하나로 꼽힌다.

14. 신원 정보를 확인하기 위해 동물이나 사람 몸속에 심는 마이크로 칩. 원래 목적과는 달리 "정부가 내 몸속에 ○○○을 심어 정신을 조종하고 있어요!"라는 과대 망상의 근거를 제공하기도 한다.

15. 강원도에 위치한 시. 2016년 '포켓몬 고'를 할 수 있는 국내 유일한 지역으로 알려져 포켓몬 마니아들의 성지로 인기를 끌었다.

정답 : 116쪽

44

가로 열쇠

1. '환경에 가장 잘 적응하는 개체가 살아남는다'는 뜻으로, 찰스 다윈이 《진화론》에서 설파했다. 박근혜 전 대통령은 당 대표 시절 메모의 중요성을 강조하며 '적는 자만이 살아남는다'는 뜻으로 이 단어를 사용하기도 했다.

2. ①바다의 보배. ②강풀의 웹툰, 박효신의 노래.

3. 사법부의 최고기관. 대한민국의 사법제도인 '3심제'에 따르면, 1심은 지방법원에서, 2심은 고등법원에서, 3심은 ○○○에서 판결을 내린다.

4. "완결만 하신다면 한국을 대표하는 스페이스 오페라가 될 것이며, 양영순 작가의 두 번째 전성기를 대표하는 작품이 될 것입니다. 완결까지 무사히. 뭇시엘." by 네이버웹툰 편집장 #완결만하신다면

5. 같은 방향으로 가는 사람끼리 승용차를 함께 타고 가는 것을 가리키는 말. 직장인들이 출퇴근할 때 자주 활용한다. 최근 카카오에서 '○○ 서비스' 시행을 발표하면서 택시업계와 대립각을 세웠다.

6. 특정 지역 안에서 파울을 범할 경우 상대편에게 주어지는 기회. 수비수들의 방해 없이 가까운 거리에서 킥을 할 수 있기 때문에 득점 확률이 높다. #축구

7. 특정 인종이나 특정 이념을 가진 집단의 구성원들을 대량 학살해서 그 집단의 존재를 아예 없애버리려는 행위. 제2차 세계대전 당시 나치 정부가 자행한 '홀로코스트'도 여기에 해당된다.

8. 어떤 제품을 정식으로 출시하기 전에, 혹시 모를 결함이나 불편사항 등을 체크하기 위해 공개하는 것. 보통 게임이나 커뮤니티 사이트 등 온라인상의 서비스들이 이 단계를 거치는 경우가 많다.

9. 누가 코끼리를 먹었을까? #모자 #어린왕자

10. 예전엔 다방이나 롤러장에서 느끼한 멘트와 함께 노래를 틀어주는 사람을 의미했지만 요즘은 기계장치로 음악을 믹싱해 클럽에서 공연하는 사람을 가리킨다. #스크래치 #턴테이블 #헤드폰필수

11. 스키장, 골프장, 워터파크 등 휴양지 근처에 위치해 여가를 즐기러 온 사람들이 이용할 수 있게 만든 숙박 시설을 가리키는 말. #대명○○○ #한화○○○

12. 비상설 시장 형태의 '도떼기 시장'에서 비롯되었으며 특정한 시간이 되면 새로운 공간, 새로운 장이 열린다는 콘셉트를 갖고 있다. #○○○○야시장 #여의도 #DDP #청계광장 #목동운동장 #밤이면열리는다른차원의문

13. 춘천에 위치한 휴양지. 배를 타고 들어가야 하며 데이트 코스로 유명하다. #배가끊겼대 #낡은수법

14. 《로빈슨 크루소》를 자기 방식으로 재해석해 《방드르디, 태평양의 끝》을 썼고, 《마왕》으로 공쿠르상을 받은 프랑스 작가.

15. 취직을 위한 첫걸음. 솔직하게 쓰라는 말에 현혹되면 서류 광탈이 반복될 것이니, 자기 경험을 말하되 인사 담당자가 듣고 싶은 언어로 표현할 줄 알아야 한다. #지원동기 : 공고가떠서 #인생에서가장힘들었던경험 : 바로지금 #복붙할 때 : 회사이름조심 #결국자소설

세로 열쇠

1. 2011년 처음 앨범을 낸 후 프라이머리의 앨범에 피처링으로 참여하며 이름을 알린 뮤지션. 이후 대중적으로 크게 알려진 건 '양화대교'가 히트하면서부터였다. 이후 지드래곤, 이문세, 레드벨벳 슬기 등과 함께 작업하며 활동 반경을 넓혀가고 있다. #본명김해솔

2. 1970년대 컨트리 음악을 대중들에게 알리고 히트시킨 미국의 싱어송라이터. 'Take me home, Country road'가 대표곡이다.

3. 90년대 국내에 방영된 일본 애니메이션. 지금 20대 초반에겐 애니메이션보다 'ppt의 나쁜 예'로 더 유명하다. #○○○○처럼살다니다행이야

정답 : 116쪽

4. '개인'에게 발급되는 신용카드의 반대. 기업들이 경비 지출의 투명성을 높이기 위해 발급받는다. 공무원이나 기업 임원들이 이것을 엄한 데 썼다가는 여론의 뭇매를 맞기 딱 좋다.

5. ①'뮤직 크리에이티브 그룹'을 지향하는 음악 콘텐츠 제작 그룹. ②영국 BBC가 아폴로 11호의 달 착륙 당시 배경음악으로 틀었던 노래이자, 영화 〈월터의 상상은 현실이 된다〉에 삽입된 데이비드 보위의 히트곡.

6. 2009년 만들어진 미국의 인터넷 홈페이지로, 돈 없는 예술가의 창작을 지원하기 위해 후원금을 모으는 '크라우드 펀딩' 사이트의 대표 격이다. #여기재밌는거많아

7. 대서양과 지중해 사이의 지역으로, 스페인과 포르투갈이 있다.

8. 1992년부터 1998년까지 총 23차례 열린 '관부재판'을 다룬 영화. 민규동 감독이 연출했고 김희애, 김해숙, 예수정, 문숙, 이용녀 등 여배우들이 대거 출연했다.

9. K-1, 프라이드 FC, UFC.

10. 쎄시봉 출신 가수. 히트곡은 '화개장터'. 비상식적인 언행으로 잊을 만하면 구설수에 올랐으나 '예술가의 치기' 정도로 셀프 포장. '대리 제작' 사건 이후 모든 방송에서 하차했다.

11. 조지 버나드 쇼 : "우물쭈물하다가 내 이럴 줄 알았지." / 찰스 부코스키 : "애쓰지 마라."

12. 동부 아프리카에 위치한 국가. 수도는 도도마. 서구 열강이 지배하던 탕가니카와 잔지바르가 각각 독립한 후 한 국가로 합병되었다.

13. 한강 한가운데에 위치한 무인도. 한강 흐름 개선을 위해 1967년 폭파되었으나 이후 암반층에 퇴적물이 쌓여 다시 섬 형태로 모습을 드러냈다. #김씨표류기

14. 한국 전설에 등장하는 상상 속 동물. 여러 해 동안 수련을 거쳐 여의주를 얻으면 용이 된다고 알려져 있다.

15. 컴퓨터 화면에서 입력 위치를 나타내는 표식. 키보드로 글자를 입력할 때는 일자 모양으로 깜박거리고, 마우스로 특정 부분을 가리킬 때는 화살표 모양이 된다.

45

1. 사막이나 초원에 거주하는 동물로, 등에 커다란 혹이 있다. 혹 속에 저장된 지방을 에너지원으로 삼는다.

2. 장가를 가지 못하고 죽은 남자 귀신. '처녀귀신'과 대비를 이룬다. #총각

3. 근본을 뽑아내 원천을 막아버린다. 문제의 근본 원인을 밝혀 다시는 반복되지 않도록 철저히 뿌리 뽑는 것을 가리키는 사자성어.

4. 마이크로소프트에서 개발한 소프트웨어로, 프레젠테이션을 할 때 사용된다. 엑셀, 워드와 함께 기업에서 가장 많이 쓰이는 오피스 소프트웨어 중 하나.

5. 세금을 제한 가격으로 물건을 구매할 수 있는 곳. 한국을 찾는 중국인 관광객들 덕분에 '황금알을 낳는 거위'라는 얘기까지 들었고, 그 때문인지 박근혜-최순실 게이트에 재벌 그룹들의 ○○○ 심사 비리가 끼어 있다는 사실이 밝혀졌다. 그러나 사드 배치 결정 후 중국인 관광객 수가 줄어들어 타격을 입었다.

6. 초등학교에 입학하기 전에 거쳐 가는 교육 기관. 2018년 국정감사에서 더불어민주당 박용진 의원이 '사립○○○ 비리' 관련 문제를 제기하여 사회적 파장이 일었다.

7. 만년 2부 리그 팀이었으나 2015-2016 시즌 잉글리시 프리미어리그에서 우승을 차지한 팀. 감독 클라우디오 라니에리의 지휘 아래 바디, 캉테, 마레즈 등의 활약으로 클럽의 역사를 새로 썼다. #이제바디만남았네

8. 카탈로니아 찬가-동물농장-1984.

9. Korea International Cooperation Agency. 개발도상국과의 우호 협력 관계 및 상호 교류를 증진시키고 타국의 발전을 지원하기 위해 각종 협력 사업을 펼치는 외교부 산하 공공기관. #한국국제협력단

10. 아름다운 외모와 뛰어난 연기력을 겸비한 할리우드 배우. 〈아이즈 와이드 셧〉 〈물랑 루즈〉 〈디 아워스〉 〈도그빌〉 등에 출연했고 지금도 왕성하게 활동 중이다.

11. ①모든 분야에서 뛰어난 성과를 보이는 여성 : '○○걸'
②이세돌과 바둑 대결을 벌인 인공지능 : '○○고'

12. 한 프로그램을 오랫동안 진행한 사람을 꼽을 때 송해와 함께 빼놓을 수 없는 방송인. 2009년 프로그램이 폐지될 때까지 무려 26년간 자리를 지켰다. #가족오락관최종점수몇대몇애애애애애애애애몇

13. 페이스북에서 어떤 게시물이나 사용자에게 공감할 때 누르는 버튼. #따봉충

14. 미디어 업계의 거물 루퍼트 머독이 보유한 '뉴스 코퍼레이션' 계열의 24시간 뉴스 전문 채널이다. 모토는 'We report, you decide'다.

15. 유럽 동북부 지방에 위치한 국가로 라트비아, 러시아 등과 면해 있으며 발트해를 사이에 두고 핀란드, 스웨덴과도 지리적으로 가깝다. #수도는탈린

1. SF소설에서 주로 묘사되는 현상으로, 시간에 왜곡 현상이 일어나 특정 과거나 미래의 일이 현재에 뒤섞여 나타난다. #시그널 #어바웃타임 #나비효과

2. ①영화 〈중경삼림〉에 삽입된 OST. ②주윤발과 임청하가 열연한 80년대 영화. ③박정현 2집 앨범 〈A Second Helping〉의 수록곡. 윤종신이 가사를, 하림이 곡을 썼다. #지새우면지새울수록깊은잠은날기다리고

3. 1986년 출시된 농심의 라면 브랜드. 이름처럼 얼큰하게 매운맛이 특징이며, 오랫동안 압도적으로 판매량 1위를 차지했다.

4. 출발 장소 혹은 일이 처음 시작된 계기를 뜻하는 말. 엄연히 표준어이지만 발음이 흔한 욕설과 비슷해 공식 석상에서 청중들을 깜짝깜짝 놀라게 하는 단어다.

5. 여러 방 쏘지 않고 한 방에 적을 해치운다는 뜻의 영어식 표현. 축구 경기에서 단 한 번의 슈팅으로 골을 기록하는 공격수에게도 자주 붙는 수식어다. #스나이퍼

정답 : 117쪽

6. 농촌이나 건설 현장에서 사용되는 작업용 자동차. 이름처럼, 무거운 물건을 끌어당기는 힘이 강하다.

7. United Nations Educational, Scientific and Cultural Organization. 교육, 과학, 문화, 정보, 커뮤니케이션 분야에서 국제 협력을 추진하고 세계 평화와 인류 발전을 증진시키기 위해 만들어진 유엔 전문기구. #강강술래 #남한산성 #동의보감 #조선왕조실록

8. 북한의 통치자였던 김일성의 비위를 맞추기 위해 조직되었다고 알려져 있지만, 실제로 존재하는지는 알 수 없는 집단. 오히려 국내에서 개그맨이나 상사에게 잘 보이기 위해 재롱을 부리는 사람을 이렇게 칭하기도 한다. #회장앞에서춤을왜춰 #우리가○○○도아니고

9. 이미 너무 많은 경쟁자가 몰려 있어 성공을 거두기 쉽지 않은 상태의 시장을 가리키는 말. "섣불리 뛰어들지 마. 거기는 ○○○○이야."

10. ①중요하지 않은 자질구레한 내용까지 하나하나 얘기하는 모양을 가리키는 부사. ②이소라의 6집 앨범 〈눈썹달〉 수록곡 : '○○○○한 이야기' #저울이기울어나만사랑하는것같잖아

11. 예수 그리스도의 12사도 중 한 명이자 수제자. 본명은 시몬인데, 예수가 '반석'이라는 뜻의 이름을 붙여줬다. "너는 첫 닭이 울기 전까지 나를 3번 부정할 것이다."

12. 카카오 열매 껍질을 제거한 뒤 코코아를 꺼내 로스팅을 거친 뒤 잘게 부순 식품. 체중 감량, 변비 예방에 효과가 있는 카테킨 성분이 풍부하다. #슈퍼푸드

13. "온종일 정신없이 바쁘다가도 틈만 나면 니가 생각나 / 언제부터 내 안에 살았니 참 많이 웃게 돼 너 때문에" #쥬얼리 #10cm

14. 중동 호흡기 증후군. Middle East Respiratory Syndrome.

15. 흔히 '두꺼운 잎' 모양으로 알려진 식물로, 사막에서도 잘 자란다. 잎을 자르면 끈적거리는 액체가 흘러나오는데, 염증 치료나 피부 미용에 많이 쓰인다.

46

가로 열쇠

1. 미 해군 태평양함대 사령부 소속의 항공모함으로, 미국 조지아주 하원의원의 이름을 땄다. 갑판 크기만 축구장 3개 넓이에 달해 전투기, 해상작전 헬기 등 약 80여 대의 항공기를 탑재할 수 있다. #떠다니는군사기지

2. ①학교에서 바닥을 청소할 때도 이것을 썼고, 선생님이 학생을 때릴 때도 이것을 썼다. ②마녀가 이것을 타고 날아다닌다고 하더라.

3. ○○ 올려, ○○ 내려, ○○ 올리지 말고 ○○ 내려.

4. 싸인, 코싸인 그리고 나머지 하나는? #삼각함수

5. 토미노 요시유키 감독이 1970년대에 만든 애니메이션에서 처음 등장한 일본산 로봇. 디테일한 만듦새 덕분에 마니아가 많고, 최근에는 조립형 로봇인 '○○ 프라모델'로 그 인기를 이어가고 있다.

6. 전기를 전달하는 '도체'와 전달하지 않는 '부도체'의 성격을 동시에 갖는 물질. 전자공학과 삼성전자의 발전, 그리고 사실상 대한민국의 발전을 이끌었다.

7. 영화로 제작된 디스토피아 SF소설 시리즈. 폐허가 된 도시에서 살아남은 주민들은 테스트를 거쳐 다섯 개의 분파 중 하나에 속하게 된다. 그러나 테스트 결과 어느 분파에도 속하지 않아 통제할 수 없는 존재가 바로 이 시리즈의 제목인 '○○○○○'다. #베로니카로스

8. 러시아에서 태어난 작곡가 겸 피아니스트. 러시아 혁명 이후에는 미국에서 보다 자유롭게 활동했다. 피아노 협주곡 2번은 지금까지도 큰 인기를 누리며 그의 대표작으로 기억된다. #세르게이○○○○○○

9. ①바람이 너무 많이 부는 지역에서 그로 인한 피해를 막기 위해 설치하는 것. ②겨울철 체온이 떨어지지 않게 하려고 겉에 입는 스포츠용 점퍼. 코트에 비해 옷자락이 짧고 디자인이 단순하다.

10. 거무스름해진 눈 밑의 피부를 이르는 말. 선천적으로 이것이 진한 사람도 있고, 스트레스를 받거나 피곤이 쌓여 생기기도 한다. #스모키효과

11. 커플의 닭살 애정 행각을 봤을 때, 민망한 상황을 마주했을 때, 지난밤 감성에 취해 SNS에 썼던 글을 다음날 아침 다시 봤을 때 : 손발이 ○○○○. #의태어 #박경

12. 중국 은나라 고죽국의 왕자 출신 형제. 주나라 무왕이 은나라를 멸망시키자, 주나라의 곡식을 먹지 않겠다며 수양산에 들어가 고사리로 연명하다 굶어 죽었다. #○○○○주려죽던 #수양산으로가오리까

13. 만병통치약을 파는 야매 약장수와 한 세트. 입으로 트럭을 끌고, 이마로 각목을 격파한다.

14. '아름다운 사람들이 가꾸는 아름다운 공간'을 지향하는 아모레 퍼시픽 계열의 로드숍 화장품 브랜드. #찾아봐 요당신만의○○○○

15. 1986년 1월 창간된 월간 과학잡지. '과학을 느끼는 즐거움, 미래를 보는 창'

세로 열쇠

1. 네덜란드에서 태어났지만 프랑스에서 주로 활동한 인상파 화가. 스트레스를 이기지 못해 자신의 귀를 잘라버린 것으로 유명하다. 2017년에는 그가 죽게 된 원인을 추적하는 내용의 유화 애니메이션이 만들어졌다. #별이빛나는밤 #자화상

2. 《반지의 제왕》을 쓴 작가 J. R. R. 톨킨이 창조해낸 종족 이름이자, 그 종족을 주인공으로 한 작품 이름. 영화 《반지의 제왕》이 인기를 끌면서 키 작은 사람을 가리키는 말로 쓰이는 경우가 많다.

3. 고체 플라스틱을 200℃ 이상의 온도로 녹여 접착제로 활용하는 총 모양의 공구. 각종 리폼의 필수품.

4. "○○○ 함부로 발로 차지 마라! / 너는 / 누구에게 한 번이라도 뜨거운 사람이었느냐" #안도현 #너에게묻는다

5. 칼, 창, 총검 등의 무기를 들고 적에게 근접해 싸우는 것을 가리키는 말. 탱크, 전투기, 드론, 미사일, 폭탄 등

96

정답 : 117쪽

적과 거리를 두고도 피해를 입힐 수 있는 현대에 들어와서는 자주 벌어지지 않는다.

6. '언젠가는' '비밀의 화원' 등을 발표한 가수 이상은이 데뷔하게 된 계기. 그는 1988년 MBC 강변가요제에서 이 노래로 대상을 차지했다. #난정말그대를사랑해 #그대가나를떠나도

7. 오스트리아의 작곡가이자 음악 교육가. 그가 만들었던 피아노 연습곡은 지금까지도 피아노 입문생들의 교재로 쓰이고 있다. #카를○○○ #○○○100번

8. "큰 북을 울려라 둥둥둥 / 작은 북을 울려라 동동동 / 캐스터네츠 짝짝짝 / 탬버린은 찰찰찰 / ○○○○○은 칭칭칭"

9. 유럽이 통합되어 유로화를 사용하기 전까지 독일에서 사용하던 공식 화폐 단위.

10. 인간의 신체, 감정, 지성이 일정한 주기에 따라 오르내림을 겪는다는 주장에서 그 '주기'를 가리키는 말. "오늘은 ○○○○○이 최악이라서….." #이게말이되나

11. 섬진강 서쪽에 위치한 지역을 중심으로 성행한 판소리의 유파. 이청준이 이 유파 이름을 제목으로 한 소설을 발표한 뒤 영화, 뮤지컬 등 다양한 형태로 제작되었다. #오정해 #차지연 #이자람 #그저살다보면살아진다

12. 독일 근처에 있어 같은 언어를 사용하는 유럽 국가. 수도 빈은 모차르트, 슈베르트, 하이든 등 클래식 음악가들이 주로 활동했던 무대로 알려져 있다.

13. 원운동 중인 물체에 생기는 관성. 원의 중심으로부터 멀어지려는 힘. '구심력'과 반대 방향으로 가해진다.

14. 차병원그룹이 운영하는 '토탈 라이프센터'의 이름. 박근혜 대통령 비선 진료 및 대리 처방 의혹을 받았으며, 박영수 특검은 병원을 압수수색했다. #○○의원

15. 가장 흔하게 먹는 과일 중 하나. "○○를 매일 하나씩 먹으면 의사가 필요 없다."=그만큼 영양분이 많다는 이야기. "아침에 먹는 ○○는 약이 되지만 저녁에 먹는 ○○는 독이 된다."=루머.

47

가로 열쇠

1. 민망한 상황에 놓인 사람을 가리키는 신조어. 발음이 비슷한 겨자소스에 빗대어 만들어졌다. #허니○○○○
2. 철봉, 그네, 시소와 함께 놀이터에 하나씩은 있는 기구. 거꾸로 오르기도 한다.
3. 추운 겨울을 나기 위해 늦가을에 많은 양의 김치를 한 꺼번에 담그는 문화. 전통적으로 김치를 담근 뒤에는 장독을 땅에 묻어 보관했으나 요즘은 김치냉장고가 그 역할을 대신하고 있다. #유네스코인류무형문화유산
4. 5월의 탄생석으로, 오묘한 녹색을 띤다. 아름다운 바다 색을 묘사할 때 '○○○○빛'이라는 표현을 사용한다.
5. 타인의 범죄행위를 눈감아주고, 적극적으로 숨겨주는 것은 '범인 ○○', 가족이나 국가 몰래 재산을 형성해 이익을 추구하는 것은 '재산 ○○'
6. 2016년 제73회 골든글로브 시상식 TV미니시리즈 부문 여우주연상, 2019년 제76회 골든글로브 시상식 주제가상 수상자. 가수로 더 잘 알려진 그녀는 2016년 여우주연상 수상 후 인스타그램에 트로피 사진과 함께 "절대 꿈을 포기하지 말라"는 글을 올리기도 했다. #아메리칸호러스토리 #스타이즈본
7. 일본 여행을 다녀올 때 공항에서 사 지인들에게 선물하기 좋은 간식. 이름은 ○○○○○지만, 후쿠오카나 오사카에서도 판매된다.
8. 술의 주성분이기도 한 무색의 액체. 술 마신 다음날 머리가 아픈 이유는 몸속에서 이것이 산화되어 아세트알데하이드라는 물질이 만들어지기 때문이다. #에틸알코올 #화학식은씨투에이치식스오
9. 마포구청-망원-○○-상수-광흥창.
10. 각자 자신의 이익을 극대화하기 위한 전략을 토대로 어떤 의사결정을 내리는지 연구하고 예측하는 이론. 수학자 폰 노이만과 경제학자 모르겐슈테른의 공저 《○○○○과 경제행동》에 처음 등장했다. #가위바위보
11. "우리는 연출 없는 감동을 얻기 위해 스포츠를 본다. 따라서 스포츠에 ○○○○이 들어간다면 그것은 스포츠의 존재 가치를 묻는 커다란 사건이 될 것이다. 연출된 감동을 원한다면 훨씬 정교하게 짜여져 있는 영화나 드라마를 보면 되지, 굳이 스포츠를 볼 이유가 없기 때문이다." by 만화가 최훈
12. 2015년 유가 폭락, 세계 조선업 붕괴의 근본적인 원인. #산유국에겐재앙 #미국에겐축복
13. 매우 독성이 강한 화학물질로, 1991년 한 기업의 공장 폐수가 낙동강으로 흘러 들어가는 '낙동강 ○○ 유출사건'이 발생해 당시 그룹 회장이 물러났다.
14. 런던을 연고지로 하는 영국 프리미어리그 축구팀. 지금까지 두 명의 한국인이 이 팀에서 활약했다. #이영표 #해리케인 #손흥민
15. 멜론과 비슷한 맛이 나는 여름 과일. 노란색 열매가 특징이다. #툭튀어나온배꼽은○○배꼽

세로 열쇠

1. 책이나 논문을 시작할 때 본문 내용을 간략히 소개하거나 저자의 집필 의도를 알리는 부분. #들어가는글
2. 전 세계적으로 가장 유명한 재난 영화. 제임스 카메론 감독이 연출했고 레오나르도 디카프리오, 케이트 윈슬렛이 출연했다. 여자가 양팔을 벌리고 뒤에서 남자가 팔을 잡아주는 장면은 이 영화의 시그니처 포즈.
3. ①'스타크래프트'에서 SCV, 드론이 캐는 광물자원 중 하나. ②물이나 비타민 속에 함유된 무기영양소.
4. 사탕수수를 원료로 만든 술의 일종으로, 옛날부터 뱃사람들이 즐겨 마셨기 때문에 '해적의 술'이라고도 불린다. 도수가 매우 높아 열을 내기 때문에 러시아, 북유럽 등 추운 지방 사람들에게 사랑받는다.
5. 1978년 초판 발행 후 300쇄를 찍은 조세희 작가의 소설. 철거 위기에 놓인 가족의 이야기를 그린 이 책은

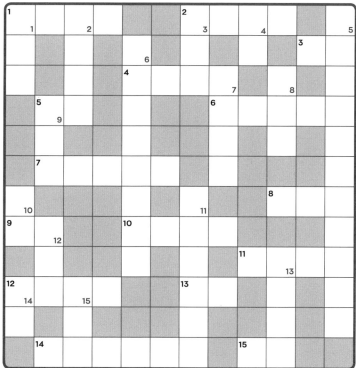

정답 : 117쪽

산업화 시대의 그늘에서 신음하는 도시 하층민의 삶을 보여줬다.

6. 영화 〈클래식〉에 삽입된 자전거 탄 풍경의 히트곡. "해 질녘 노을처럼 한 편의 아름다운 추억이 되고 / 소중했던 우리 푸르던 날을 기억하며 후회 없이 그림처럼 남아주기를"

7. 석연찮은 이유로 스파이 취급을 당해야 했던 프랑스의 군인. 이후 특정 집단의 이익을 위해 사실을 날조·은폐해 개인을 매장하는 일이 있을 때 '현대판 ○○○○ 사건'이라 부른다. #알프레드○○○○

8. 대한민국의 커피 프랜차이즈. 카페 이름은 '대륙의 황제'라는 뜻이다. 2001년 첫 번째 매장을 연 후, 저렴한 가격과 떨어지지 않는 맛으로 인지도를 높이며 매장 수를 점차 늘리고 있다.

9. 은으로 장식한 소형 칼. 조선시대 여성들이 험한 꼴을 당할 때를 대비해 몸에 지닌 것으로 알려져 있다.

10. 사업자끼리 서로 짜고 물건의 가격이나 생산량을 의도

적으로 조정하는 행위. 시장경제 질서를 어지럽히므로 현재 공정거래법은 불법으로 규정하고 있다.

11. 쌀가루와 물을 배합해 얇은 원 모양으로 만든 식품. 월남쌈은 고기, 채소 등 다양한 재료를 여기에 싸서 먹는 음식이다.

12. 밴드 메이트 출신의 싱어송라이터. 감성적인 발라드곡을 주로 불러, 이적-김동률-윤종신 등의 계보를 이을 것으로 기대를 모으고 있다. #안아줘 #고백

13. 프랑스의 사회학자. 근대 사회 이후로는 신분이 아닌 문화와 취향이 계급을 나눈다고 주장했다. #구별짓기 #아비투스 #피에르○○○○

14. 식당의 주방장. 음식 주문, 메뉴 개발 등 주방의 모든 운영을 책임진다. #파스타이선균 #냉장고를부탁해

15. 전설이나 신화처럼 과학으로 증명할 수 없는 현상을 연구하는 학문 혹은 그러한 현상을 소재로 삼는 장르. '숨겨진 것'을 뜻하는 라틴어에서 유래한 말이다. #퇴마록 #검은사제들 #오멘 #사바하

48

가로 열쇠

1. 두꺼비처럼 몸집이 통통한 양서류. 수컷의 울음소리 때문에 '○○○'라는 이름이 붙었는데, '쟁기발개구리' 라고도 불린다. 말이나 행동이 답답한 사람을 '○○○' 라 부르기도 한다. #이적

2. ①아이폰으로 웹 서핑하기 위해 사용하는 애플리케이션. ②독일의 만년필 회사 '라미'에서 제작하는 만년필 시리즈. ③자동차를 타고 다니며 야생 동물을 구경하는 일.

3. 잎과 열매를 차로 끓여 먹으면, 시력에 좋을 뿐 아니라 피로해소를 촉진하고 지방간을 예방하는 효과가 있는 식물. #오미자랑닮았다 #구준엽이신문사에취직하면?

4. 미국 대통령은 백악관에, 한국 대통령은 ○○○에.

5. 인도 사회의 신분 제도. 지식인 계급 브라만, 무사 계급 크샤트리아, 생산 계급 바이샤, 노동 계급 수드라로 나뉜다. 이 네 가지 계급에도 속하지 않는 최하층 국민들은 '불가촉천민'이라 불린다.

6. ①1859년 출간된 찰스 다윈의 저서. 이 책의 핵심인 '진화론'은 그 당시 학계에 논쟁을 일으켰다. ②《7년의 밤》《28》에 이어 소설가 정유정이 발표한 장편소설. "지금껏 '악'에 대한 시선을 집요하게 유지해온 작가는 이번 신작에 이르러 '악' 그 자체가 되었다."

7. "올해야말로 나의 ○○○을 보여주겠어!" "네놈들의 ○○○이 이제야 드러나는구나."

8. 서울대 의대를 졸업한 의사. 컴퓨터 바이러스를 치료하는 백신 V3를 개발해 무료 배포한 프로그래머. 청년들의 멘토로 활동하다가 정계에 입문. 두 번이나 대선에 출마했으나 한 번은 중도 사퇴하고, 한 번은 낙선했다. #그만좀괴롭히십쇼

9. 브라질의 전통음악 혹은 그 음악에 맞춰 추는 춤. 트로트 가수 설운도의 히트곡에 등장한다.

10. 프랑스의 타이어 제조 회사가 본인들의 기업명을 따매년 봄에 발간하는 식당 및 여행 가이드 시리즈. #미

식가들의성서 #만점은별세개

11. 1994년 개통된 전철 노선. 청량리부터 죽전, 나아가 수원까지 운행한다. #노란색

12. 〈악마는 프라다를 입는다〉〈맘마미아〉〈철의 여인〉〈서프러제트〉 등에 출연하며 아카데미 시상식 여우주연상을 두 번 수상한 배우. 골든글로브 시상식에서 트럼프의 반이민 정책과 언론 혐오 등을 비판했다.

13. 미국과 근접한 북아메리카 국가. 미 대선 개표 과정에서 공화당의 도널드 트럼프 후보가 당선 확률이 높다는 언론의 보도가 나오자, ○○○의 이민국이 운영하는 공식 웹사이트에 접속자가 몰려 사이트가 마비됐다.

14. 1927년에 제작된 무성영화로, 흔히 세계 최초의 장편 SF영화로 꼽힌다. 암울한 미래 도시 '○○○○○○'에서 벌어지는 자본가와 노동자들의 갈등을 그렸다.

15. 기계장비를 다루는 다양한 분야의 기술자들을 통칭하는 외래어. #자동차○○○○ #시스템○○○○

세로 열쇠

1. 뱀과에 속하는 파충류로, 몸에 띠가 둘러져 있다. 보통 능글맞은 사람을 가리킬 때 "○○○○ 같다."라고 한다.

2. 중국 전국시대의 유교 사상가. 그의 교육을 위해 어머니가 여러 번 집을 옮긴 일화가 유명하다. #공자왈○○왈

3. K리그(FC 서울), 영국 프리미어리그(볼턴 원더러스, 크리스탈 팰리스), 독일 분데스리가(VfL 보훔) 등 여러 리그를 경험한 축구선수. 보통 측면 미드필더로 뛰며 영리한 패스와 센스 있는 기술로 팀에 활력을 불어넣는다.

4. 과거에는 중국, 지금은 미국이나 유럽 등 국력이 강한 나라가 그 나라의 국민들을 맹목적으로 찬양하는 사고 방식을 가리키는 말. "우리는 매우 부끄럽게 생각하지만 세계 역사를 객관적으로 볼 수 있는 어떤 미국의 학자는 한국의 ○○○○를 대륙의 압력 아래서 자기의

생존을 유지하려는 슬기로운 지혜라고도 평하고 있습니다." -〈김대중 옥중서신 : 민족의 한을 안고〉中

5. 2011년부터 2018년까지 한국 프로야구 리그에서 활약한 외국인 투수. 2014년까지 4년 연속 10승 이상을 달성했으며 역대 외국인 선수 중에서는 최초로 1,000 탈삼진, 100승을 기록했다. #니느님 #더스틴○○○

6. "이~상하게 생겼네, 롯데 ○○○○~ 삐이이~ 삐이이~ 꼬였네~ 들쑥날쑥해~" #사과맛딸기맛

7. 동, 서, 남, 북 사방에서 초나라의 노래가 들린다. 적들에게 둘러싸여 누구의 도움도 받지 못하고 고립된 상태를 말하는 사자성어.

8. 이와아키 히토시의 SF만화. 인간의 신체를 지배한 미지의 생물체가 인간을 공격하자 벌어지는 대립 과정을 그려냈다. 애니메이션과 실사영화로 만들어졌다.

9. 가장 인지도가 높은 할리우드 SF영화 시리즈 중 하나. 인간의 모습을 한 살인기계 사이보그 T-800과 인간의 대결을 그렸다. #아놀드슈왈제네거

10. ①그리스 로마 신화에 등장하는 카시오페아의 딸 이름. ②'인간의 통치자'라는 뜻을 가진 우리 은하 바깥의 이웃 은하. ③"갑자기 스토리가 ○○○○○로 갔네."

11. 권력의 독점을 막기 위해 입법부(국회), 행정부(정부), 사법부(법원)를 독립시켜 서로 견제할 수 있게 하려는 국가 운영 원칙.

12. 뛰어난 결과물을 얻기 위해 위험하고 아슬아슬한 행위를 일부러 나서서 하는 것. "그 배우는 위험한 장면 찍을 때도 ○○○맨을 쓰지 않고 다 자기가 직접 한대."

13. 철갑상어의 알을 소금에 절인 요리. 푸아그라, 트러플과 함께 귀하고 비싸고 사치스러운 음식의 상징처럼 언급된다. #딱한번만먹어보고싶다

14. 출신 성분, 능력, 재력 등 보통 사람들에 비해 특출난 소수 집단을 가리키는 말. 선거를 통해 그들에게 많은 권한을 넘겨준 건 대중들이지만, 지나치게 '○○○주의'에 빠질 경우 대중의 의사가 반영되지 않을 수 있다.

15. "네가 하는 말은 콩으로 ○○를 쑨 대도 못 믿겠어."

49

1. 국가 혹은 지방 공공단체의 사무를 맡아 하는 사람. IMF 이후 안정적인 삶에 대한 요구가 높아지자 '○○○'이 되기 위해 노량진으로 모이고 있다. #○○○시험 합격은에듀윌 #그러나지금초등학생들의장래희망1위는유튜버

2. 벌집처럼 육각형 그물 모양으로 탄소 원자들이 서로 연결되어 있는 신소재. 구리보다 100배 이상 전기가 잘 통하고 신축성이 뛰어나 '꿈의 나노 물질'로 불리며 첨단기술 개발의 원동력이 될 것으로 기대를 모으고 있다. #흑연이원료

3. 럭비 경기에서 공을 들고 상대팀 진영 끝에 있는 '엔드 존'까지 달려가거나 '엔드 존'에서 동료 선수의 패스를 받는 것을 가리키는 말. 이것에 성공하면 6점을 얻고, 추가 공격 기회가 주어진다.

4. 세계 최초로 선거를 통해 사회주의 정권을 출범시킨 칠레의 대통령. 그러나 그는 1973년 군사 쿠데타를 일으킨 아우구스토 피노체트에 정권을 내줬다. 쿠데타 당시 라디오 방송에서는 다음과 같은 멘트가 흘러나왔다. "오늘 산티아고에 비가 내립니다."

5. 일본 아사히신문에 연재되었던 미우라 아야코 작가의 소설. 불륜, 아이의 입양 등 다소 '막장 드라마'스러운 설정이 있지만 인간의 원죄와 구원을 다룬 작품으로 평가받는다. 한국에서 드라마로 제작되기도 했는데, 극본을 쓴 건 그 유명한 〈아내의 유혹〉의 김순옥 작가다. #어는점

6. '하늘의 뜻을 알게 된다'는 뜻의 한자어로, 나이 50세를 뜻한다. 30세=이립 / 40세=불혹 / 50세=? / 60세=이순 / 70세=고희.

7. 관악기, 현악기, 타악기 등 여러 분야의 연주자들이 모여 함께 협연하는 것, 혹은 함께 협연하는 악단을 가리키는 말. "삶이란 흐르는 ○○○○○ / 우리는 마에스트로" #필하모닉○○○○○

8. 눈에 생기는 염증으로, 가렵고 충혈되며 눈꼽이 낀다.

9. FIFA 발롱도르 5회 수상, UEFA 챔피언스리그 득점왕 5회, 스페인 프리메라리가 최우수 선수 8회 선정 등 세계적인 기록을 여러 개 갖고 있다. 소속팀 바르셀로나의 리그 우승도 여러 차례 이끌었던 축구선수.

10. 중국 최남단의 섬으로, 기온이 따뜻하고 아름다운 해변이 있어 전 세계 관광객들이 휴양지로 자주 찾는 곳. #동양의하와이

11. Gross Domestic Product. 1년 동안 한 국가 안에서 생산된 재화와 서비스의 가치를 시장 가격으로 환산한 수치. 그 나라의 경제 발전 정도를 가늠하는 기준으로 많이 언급된다.

12. 귀여운 외모와 외국어 실력, 겸손한 대화 태도를 겸비한 가수 겸 인터뷰어. "1가구 1○○○ 보급이 시급합니다! 우리나라는 지금 ○○○ 부족 국가입니다!"

13. 고리를 잇는 계책. 《삼국지》 적벽대전에서 참모 방통이 조조 군의 선박을 쇠사슬로 묶게끔 유도해 모조리 불태워버렸던 계책이 가장 대표적으로 알려져 있는 예다.

14. 돼지 등뼈를 푹 끓여 우거지, 깻잎, 파, 감자 등을 넣고 얼큰하게 끓인 요리. 소주와 잘 어울리지만 먹고 나면 치아 사이에 들깻가루가 잘 낀다. #뼈다귀해장국

15. ①뛰어난 전투기 조종사를 칭하는 말. ②톰 크루즈가 세계적인 배우로 발돋움하는 데 큰 역할을 한 영화.

1. 고전 보드게임 부루마불을 할 때 다들 피하고 싶어 하는 곳. 여기를 탈출하려면 주사위 두 개를 던져 더블(똑같은 숫자 두 개)이 나와야 한다. #로빈스크루소

2. ①카페에서 판매하는 음료 사이즈 중 하나. 톨보다 크고 벤티보다는 작다. ②'Problem' 'thank u, next' 등을 발표한 미국의 팝 가수. #아리아나○○○

정답 : 118쪽

3. 이미지 기반의 소셜 네트워크 서비스. 인스타그램과는 달리 벽에 사진을 붙인 것처럼 정렬해놓고 클릭해서 보는 방식이다. 미술·디자인 계통 사람들에게 사랑받는 사이트다.

4. 소금구이용으로 많이 쓰는 돼지고기 부위. 삼겹살에 비해 기름이 적고 살코기가 많다. #가격또한저렴

5. 높은 곳에 올라가 점프! 보통은 물속으로 들어가는 것을 뜻하지만, 예외도 있다. #예를들면스카이○○○ #축구장에선옐로우카드 #할리우드액션

6. 쓰고 싶지도, 긁히고 싶지도 않지만 자꾸 씌우게 되고, 긁게 되는 것. #○○○머리 #주책○○○

7. 1840년부터 1842년까지 영국과 중국이 벌인 전쟁의 원인. 이 전쟁으로 중국은 불평등 조약을 맺어야 했고, 이후 서구 열강의 침범이 시작되는 계기가 됐다.

8. 따로 가공 과정을 거치지 않고, 바람과 햇빛으로 바닷물의 수분을 증발시킨 뒤에 얻는 굵은 소금.

9. 그룹 승계 과정에서 1,000억 원에 달하는 상속세를 성실하게 납부하기로 한 사실이 알려져 '양심적인 기업'이라며 국민들로부터 지지를 받은 기업. #상속세제대로냈다는사람처음봄 #사실은당연한건데

10. 〈2001 스페이스 오디세이〉-〈시계태엽 오렌지〉-〈샤이닝〉-〈풀 메탈 자켓〉-〈아이즈 와이드 셧〉

11. "사랑해 널 이 느낌 이대로 그려왔던 헤매임의 끝 / 이 세상 속에서 반복되는 슬픔 이젠 안녕" #소녀시대 #이화여대

12. 남의 말을 듣지 않고 자기 마음대로 행동해 어찌할 수 없는 사람을 가리키는 말. "그렇게 ○○○○로 달려들면 어떡하니?"

13. 대한민국에서 최초로 국립공원으로 지정된 산. 경상남도, 전라남도, 전라북도에 걸쳐 있다. #노고단 #천왕봉

14. ①검정고시 전문 출판사 겸 인터넷 강의 사이트. ②고려시대 때 인재 양성을 위해 설립한 국립 교육기관.

15. 1889년에 세워진 프랑스 파리의 랜드마크.

50

1. 독립운동가 김구 선생의 자서전. "가지 잡고 나무를 오르는 것은 기이한 일이 아니나, 벼랑에 매달려 잡은 손을 놓는 것이 가히 장부로다."
2. 고대 바빌로니아 왕조의 제6대 왕이 제정한 성문법. #눈에는눈이에는이
3. ○○○ – 어제 – 오늘 – 내일 – 모레 – 글피.
4. 찹쌀을 쪄서 쫄깃쫄깃하게 만든 다음 콩고물을 묻혀 먹는 떡. 급하게 먹으면 체하기 쉽다.
5. 삼성이 개발한 스마트폰 시리즈로, 화면이 큰 것이 특징이다. 2016년 야심차게 출시한 제품이 기기 폭발 사고로 인해 출시 54일 만에 단종되며 이미지에 타격을 입었다. #Thesmartphonethatthinksbang
6. 일정한 회사에 소속되지 않고 자유계약을 맺고 생계를 유지하는 사람을 가리키는 말. 방송국 아나운서들이 인지도가 높아지면 퇴사 후 '○○○○'를 선언하고 자유롭게 활동하는 경우가 많다. #전현무 #김성주
7. 날씨 좋은 날, 한강에 피크닉 갈 때 옷 더러워질 걱정 없이 편하게 앉거나 누워서 놀려면 꼭 챙겨야 하는 것.
8. ①"우리 별로 안 친해요. 그냥 ○○○○ 관계일 뿐." ②신경 꺼 : "It's none of your ○○○○!" ③비행기 탈 때 이코노미보다 비싸고 퍼스트 클래스보다 싼 좌석.
9. 현재 국내 방송계에서 활발하게 활동하는 배우 중 가장 경력이 오래된 배우. 〈사랑이 뭐길래〉 〈목욕탕집 남자들〉 〈허준〉 〈불멸의 이순신〉 〈거침없이 하이킥〉 〈이산〉 〈베토벤 바이러스〉 〈공주의 남자〉 〈라이브〉 〈꽃보다 할배〉
10. 의도적으로 움직이도록 만들어 뭔가를 표현하는 예술 장르를 가리키는 말. 끊임없이 움직이는 '모빌'이 대표적이다. '움직임'을 뜻하는 그리스어를 어원으로 한다.
11. "비도 오는데 내가 ○○○ ○○○ 하나 해 줄까? 군대에서 보초 설 때 얘긴데…."
12. 가장 대표적인 피임기구 중 하나. 성행위를 하기 전 남성의 성기에 씌워 임신 및 성병을 막는다. 성인용품이 아니라 의료용품으로 분류되기 때문에 법적으로 미성년자도 구매할 수 있다. #편의점
13. ①물 위를 떠다니는 것. ②목적도 방향도 없이 정처 없이 돌아다니는 것. #하멜○○기 #15소년○○기
14. 광합성을 통해 만들어지는 결과물이자, 인체에 잘 흡수되는 에너지원. 중태에 빠져 스스로 식사를 못하는 환자의 경우, 에너지를 보충하기 위해 이것을 주사로 주입한다.
15. 아프리카와 아메리카 지역을 여행할 때 주의해야 할 악성 전염병으로, 모기에 의해 전염된다. 몇몇 국가의 경우, 입국하기 위해서는 반드시 예방접종을 해야 한다.

1. "천편일률적으로 쏟아지는 범죄영화 속에서 그 재미를 구하는 건 '감독의 연출력' 혹은 '배우의 매력'이다. 〈○○○○〉는 후자다. 마동석이라는 배우의 개성이 캐릭터에 깊숙이 관여, 극에 활기를 부여한다." by 영화 저널리스트 정시우
2. "인간은 이성적으로 사고한다"는 근대 사회의 믿음을 무참히 깨버리고 인간의 무의식을 최초로 규정한 창시자. #꿈의해석
3. '같이' '더불어'와 같은 뜻을 지닌 부사. #늑대와○○춤을 #신과○○
4. 네이버 재팬에서 개발한 모바일 메신저로, 일본에서는 가장 흔하게 사용하는 SNS. #일본의카카오톡
5. 〈프로듀스 101〉에서 최종 1위를 차지해 I.O.I로 데뷔한 JYP 연습생 출신 가수.
6. Q : 어떻게 만점을 받으셨나요? A : 그냥, ○○○ 위주로 공부했어요. #뻥치지마
7. ①"매운 계절의 채찍에 갈겨 / 마침내 북방으로 휩쓸

정답 : 118쪽

려 오다 // 하늘도 그만 지쳐 끝난 고원 / 서릿발 칼날 진 그 위에 서다 // 어데다 무릎을 꿇어야 하나 / 한 발 재겨 디딜 곳조차 없다 // 이러매 눈 감아 생각해 볼밖에 / 겨울은 강철로 된 무지갠가 보다" #이육사 ②발단-전개-위기-○○-결말.

8. 2017년 개봉한 〈원더우먼〉에서 '원더우먼'을 연기한 배우. SNS에 이스라엘군의 가자지구 폭격을 옹호하는 듯한 글을 올려 논란이 된 바 있다.

9. 김애란 작가가 2012년 발표한 단편소설 제목이자, 뮤지션 문문(MoonMoon)이 2016년 발표한 노래 제목. 소설 속의 한 구절 "너는 자라 겨우 내가 되겠지"를 가사로 차용했다가 저작권 문제로 논란이 되었다.

10. 기업의 현재 회계 상태를 확인할 수 있는 문서. 재무상태표, 손익계산서, 현금흐름표 등으로 구성된다.

11. 마르크 뤼터 ○○○○ 총리는 2016년 한국의 대학생들을 만난 자리에서 다음과 같이 말했다. "○○○○에는 위계질서가 없으며, 창업 생태계와 노동시장이 열

려 있다. 한국인들이 ○○○○ 사회·정치 각 분야에서 활발하게 활동하고 있다. ○○○○에 취업한 한국 청년들이 많지만, 더 많이 왔으면 좋겠다." #솔깃

12. YG 소속의 7인조 아이돌 그룹. 2018년 발표한 '사랑을 했다'는 특히 유치원생, 초등학생들에게 엄청난 인기를 끌었다.

13. '한밤중에 몰래 도망가다'는 뜻의 사자성어. '한밤중'이라는 뜻 때문에 철자가 다소 헷갈리지만 '○○○○'가 맞다. 밤 ○, 절반 ○, 달아날 ○, 달릴 ○.

14. 키움 히어로즈(구 넥센), 요미우리 자이언츠의 공통점은 ○○○을 홈 경기장으로 사용한다는 점이다. #허구연

15. 영국 드라마 〈셜록〉의 베네딕트 컴버배치와 함께, '잘생김을 연기한다'는 평가를 듣는 배우. 오랜 무명 시절을 거쳤으나 tvN 〈응답하라 1988〉이 크게 성공한 후 다양한 상업영화에 비중 있는 역할로 출연하고 있다. #어차피남편은○○○ #택시운전사 #리틀포레스트

정답

1

패	왕	별	희		정	글	북		
다	좌				도			동	
우	리	의	소	원	은	전	쟁	기	
지	게		투				화	수	분
수	임		펀	드	매	니	저		리
		린	치				마	광	수
유	벤	투	스		레	미	제	라	블	거
시		타	이	밍			이		
민		트		챔	피	언	스	리	그
장	승	업		비		고			램
	정	백	야			슬	라	임	
	원		디	커	플	링		종	

2

기	미	가	요			검		가	금	류
아	니			양	희	은		각		
베	멀		재			사	명	대	사	
아	메	리	칸	드	림	제		항	해	
키	즘		뷔			들		루	시	드	폴
에		각	시	탈				대		토
	삼	성	혈		앙	리			악	마
미			굴		수					스
투	탕	카	멘		예	루	살	렘	라	빨	간	머	리	앤
운			라				트	위	치	더
동	상	이	몽			산				슨

3

유	발	하	라	리		우		노	을
		이		버	디	버	디	전	지
장		데	드	풀			주	드	로
자	전	거		낙	하	산	국		최
	태			성		백	제		순
시	일	야	방	성	대	곡	영	
		탄		성	중	립	화	장	실
양	기	소	유	예			제	
방		년				설	
언	어	도	단	골	든	라	즈	베	리	상
차						토	
피	키	캐	스	트		벤	자	민

4

세	포	이	항	쟁		의	가	사	제	대
크		리		꽃		문		변
립		오	르	막	길	난	인
톤	앤	매	너		만	파	식	적	보	아
	드	라		걸		이
	류		집	단	자	위	권
불	가	항	력	키	금	잔	디
	필		래	쉬	가	드	수
베	드	타	운		디	저	트
	이	손	쿨	피	스	오
알	프	레	드	아	들	러	패	럴	림	픽
집	놀	섭	닝	치

106

5

			에₁			팔₂	만	대₃	장	경₄
			어			보		대		운
	²일₅	벌	백	계₆	³홍	채₇	손			기
⁴흡₈	연		왕		상		⁵삼	손₉		
혈		기₁₀	⁶권	혁	수		투			
⁷귀	소	본	능			⁸압	수	수₁₁	색	
	소							강		
	⁹완	득	이₁₂	맥₁₃			¹⁰연	신	내	
			¹¹슬	러	거	막₁₄		청		
¹²보₁₅	코	하	람	¹³핀	업	걸				
리		¹⁴교	생			¹⁵리	투	아	니	아
멸										

6

¹신	의	물	방	울		처₂				
샐₃	붓			²최	용	수₄				
러	시	아				중		쇼₅		
리		⁴들	라	크	루	아		발		미
⁵맨	홀₇			미		⁶툼	레	이	더	
로		고₈		놀				머		
⁷타	코	와	사	비	⁸안	나	카	레	니	나₁₀
스		리		반₁₁		무				가
⁹루	트₁₂		¹⁰야	바	위			¹¹픽	사	
미		¹²수	오	지	심	¹³키	덜	트₁₄		키
큐		전		¹⁴경	주₁₅			위		
¹⁵브	루	노	마	스		역		터		

7

¹미	스	테	리	아₂		다₃		꿀₄	
	스	²치	즈	인	더	트	랩	꽈	
³파	레	토		위				배	
라	⁴스	티	븐	연₇	⁵사	씨	남₈	정	기
다	테			리	냥		승		
이	론	⁶오₉	지	랖		⁷비	룡	폭	포₁₀
⁸스	콘		리		외₁₁			청	
	⁹대₁₂	나	무	숲	할	¹⁰삼	도	천	
¹¹강₁₃	호	동		중		머			
진	¹²여	행	¹³샤₁₄	머	니	즘			
축	지		오		¹⁴자	폐	증		
구	¹⁵도	요	토	미	히	데	요	시	

8

	¹그	레	셤	의	법	칙				
다₂		킹			²파	트	라₄	슈		
³크	리	스	티	아₅	누	호	날	두		젠
투		리		소						카
⁴어	뷰	징₇		랑	⁵다	이	옥₈	신		
리	비			마		수		폰₉		
즘	록	⁶웨	이	모		⁷수	호	지		
		스		⁸루	저₁₁			⁹게	놈	
¹⁰무	디	스₁₃	트		널			임		
굴	¹¹팀	추	월		¹²리	비	아₁₄			
¹³제	트	팩	¹⁴드	골₁₅		즘	몬			
국			반	¹⁵카	드	섹	션			

9

```
책은도끼다   코스모스
지   중브  하  싸
원   인프라  비와이
희  불합격   베  보
망중한     지  도그마
의  당나라  인터폴  지
나얼    리   만
라디   심   스  괜
로이스 까르보나라  찮
카  나   선  인시아드
블루투스   바   로
스 닥  목불인견   잉
```

10

```
뭣이중헌디   조  궁
 말  아기돼지삼형제
향년   블   레  대만
   대학로   이 빈혈
호   사 돼지코    스
사서삼경    프라푸치노
다   고두심     줏 클
마방진 통  백두대간 링
산      물
유비쿼터스  좀머씨이야기
리   키   리   모성
 부석사      작 용
```

11

```
생명의다리   중고나라
불  큐  김삼순   이
허  멘도사 풍 칼리프
반전  터 자 백   온
성  파리기후변화협약 마
문   드   점  테스
 장팔사모
 로 파친코 네  캘
오리알 상 다이키리
아 토  한  마  그
시  마다가스카르  라
스톡옵션 위 혼 슈피겔
```

12

```
임을위한행진곡   탁
럼  아  정  레 구토
버니샌더스 성대모사 요
잭  퓨   네   일
 연락처  신카이마코토
 애  니 서  드  요
너의이름은  유  칵테일
과   임기응변   은
청학동 무  명   가
둥 백세인생   김문수
오 섬 양  휘  앤 다
리치 하품  게임장애
```

13

꺼	내	먹	어	요		말		짝		
	셔			츠		리		사	직	서
아	널		소	바		부	메	랑		대
델	몬	트		랑		간		과	문	
		러	오		비	스	트	로	니	
크	리	스	천	베	일		레		니	
레		트		라		안		이	불	킥
마	나		너	는	나	나	는	너		에
	영		남		푸					스
손	석	희	자		르	네	상	스	콰	
		토		나	하				이	
	조	류	독	감		마	이	클	무	어

14

엔	그	램	뷰	어			용	적	률	
	랑		티		낙	화		토		
넷	마	블		인	사	동	주	마	등	
플		루		사		강	민	호	기	
릭			이				민		부	
스		마	인	드	헌	터		고	등	어
	미	당			미	프	진		본	
내		을	킹		널			아		
코	로	나	스			체	인	질	링	
가		온	디	맨	드			슈		고
석		암			라	디	오	스	타	스
자		탉		마		싱		인		타

15

노	스	트	라	다	무	스		세	
회			코		지		비	상	구
찬	합		스		개	캡			운
		아	테	네		사		해	몽
아	이	큐				이		동	
	정		미		태		신	태	용
자	전	거	타	는	풍	경		궁	
격		찰				국	정	감	사
지			콩	깍	지				
심	마	니			색	소	폰		
	립		감	스	트		찬		
기	자	간	담	회			휘	핑	크	림

16

	사	랑	의	기	술			틴	
		천		버	피	테	스	트	
홋	카	이	도	릇		이		면	
	주		룡		모	아	나	죄	
		장	기		비		의	정	부
세	미	나		필		딕	아		
렌		라	라	랜	드		저	베	타
디		스		에	씨			스	
피	천	득	러	블	리	즈	노	트	북
티		의	피		히		구	셀	
	양			프	로	파	일	러	
태	평	양		신	드	롬		발	

17

하 우 스 오 브 카 드　샤 이 니
사　주　이　카　　병 니
교 도 소　디　오　유 신 헌 법
육　녀　푸　　　의　　블
비　자　스 티 그 라 르 손　레
　율 도 국　　　　은　다 스
성 주　　사　대　　　　유
행　　밤 의 해 변 에 서 혼 자
이 차 돈　찬　　　울
명　　페 미 니 즘　역 지 사 지
박 장 대 소　　　　　　우
　　　　　　헛 개 수

18

예 측 불 허　　　허　김
수　　풍 문 으 로 들 었 소
　박 연 선　비　월 요 병
삼　금　다 마 스 쿠 스　무
장 문 복　　트　리　청
법　권 불 십 년　랑
사 포　자　아 보 카 도　헌
　스　인　　종 두 법
개 코　　대 도 서 관　환 재
저　파　　　판
씨 네 큐 브　이 휘 소
　　르 브 론 제 임 스

19

국 제 앰 네 스 티　포 경 수 술
와　일　트　슬　도
일 장 기　알 라 딘　린　꼭
드　획　이　아　지
카　　프 랭 크 시 나 트 라　셰
드 리 블　래　오 징 어　하
암　마　현 기 증　스
애 니 메 이 션　영　도 우
손　웨　사　어　스
　테 이 큰　바 하 마　청
천 연 두　집 들 이　을 지 문 덕
리　　디　　　회

20

아 수 라　실 버 타 운
르　중 종 랑　칠 면 조
헨 리 조 지　베 이 글　기
티　희　리　삼 전 도
나　팔 레 스 타 인　인　보
드　　스　사 랑 을 했 다
골 든 벨　유　리
전　벳　스　리 트 머 스
곽 도 원　트　로　톡
　더 블 플 레 이　피　홀
광 저 우　칭　카 름
먼 치 킨　나

21

	그	레	이	트	게	임			
		상		리		각	주	구	검
혹	세	무	민	올	빼	미		름	
성		당		홀	드		보		사
탈				만	사	결	통		다
출	발	드	림	팀		탕		날	라	리
	레								
그	리	고	아	무	도	없	었	다	규
	나		르					비	슈	누
		메	가	스	터	디		밀	
	시	드	니		누		젤	다	의	전	설
홍	차		아		피	망			숲	현

22

셀	리	악	증	후	군		파	김	치
앙			동		리			대	
팡			뮤		스	피	드	웨	건
테	러	방	지	법			이		
리			션		이		보	람	상	조
블	리	치			동		거		
		와		제	국	의	위	안	부
		와	사	비			의		
퉁	소	무		대		꿈		대	포	폰
		들		엘	러	리	퀸		서
쉬	리	잭		청		입	신	양	명
에	디	슨		정	태	춘			상

23

강		마						몰	
감	탄	고	토		내	귀	에	캔	디		허
찬		로			주		브	리	핑
	비	무	장	지	대		흑			턴
	비		미		첩		사	우	스	포
	염	세	주	의			병			스
조		발		이	등	박	문		하	이	트
셉		낙		름		웅			산
고		랭	지			현		지	화	자
든			연			십	리		탄
래			장	마	당		계		판	소	리
빗		길	운	전			비	명	횡	사

24

황	금	종	려	상		황		토	지		식
		묘		고	래	사	냥		킬	체	인
	아		법					앤			종
형	제	복	지	원		에	픽	하	이
르					인	삼			이
타	바	스	코			국		애	드	벌	룬
이		미	시	마	유	키	오		집
타	잔	디			사			개		핏
		빅	이	어			가		십	자	수
비		리				뭄	바	이		족
구	르	미	그	린	달	빛			간		관
니				러			지	

25

		아	우	슈	비	츠				사
흑		리					리	바	이	스
금		학		지	아	장	커			가
성	수	대	교	점		창	덕	궁		
	양			픽	토	그	램			서
	대			션		루	팩	트	체	크
장	군	의	아	들		비				림
마			르			룸	바		대	전
	가	부	키				퀴		닥	쟁
간	디		메	콩	강		벌		터	
	건		데			엘	레	나	페	란 테
	엑	스	세	대					퍼	

26

바	스	코	다	가	마				괴
텀		카		만	독	연	플	리	
블	랙	팬	서	한	솥	도	시	락	감
러		스		당				사	
		프		신	세	계	무	소	유
한	겨	레			이		소		홍
강		디	지	털	포	렌	식		준
	머				물	아	일	체	
대	큐	리	오	시	티		시		리 더
서	유	리		나			아		쥬
특		비	브	라	늄			빌	
필	라	테	스		로		플	레	밍

27

	불	로	소	득		피	파	온	라	인
캐		제		알	보	칠		수		오
롤	리	타		프		갑		매		오
	석	봉	토	스	트		비	트	박	스
메		하		산		조		일		트
카	리	스	마		맥	스	선	더		랄
엄		을				일		타	블	로
웹				보						피
원	스	카		배		나	마	스	테	
	터	닝	포	인	트		아		닐	쿠
청		에		플		이		라	모	스
하	늘	나	라		립	서	비	스		과

28

유	미	의	세	포	들			카	
	켈			마	오	리	족		
프	란	치	스	코		니		브	개
	젤			코	또	오	해	영	선
	로		꼬		오	드		수	장
할		꼬		병	아	리		증	후 군
렘	수	면		이		헵			
디		의	태	어		번	지	점	프
자	영	업	자		동				랜
이		왕	따		방		차	차	차
어	슬	렁		오		신			이
기			기	레	기				즈

29

```
피 사 의 사 탑 · · 귀 · 신
스 · 이 · · 그 대 로 멈 춰 라
파 리 코 뮌 베 · 한 · · · ·
이 · 메 · 지 중 해 · 강 하 늘
· · 트 레 드 밀 협 · · 우 ·
울 타 리 · 래 · 사 · 전 두 엽
· 임 · 그 여 자 네 집 · 유 ·
부 슬 부 슬 · · 크 · 육 두 구
· 립 · 스 윗 소 로 우 · · 룡
· 아 키 · 필 · 물 대 포 · ·
· 크 타 · 리 · 리 · · · ·
갈 릴 레 이 · 아 동 학 대 · ·
```

30

```
동 방 예 의 지 국 · 오 · ·
· 스 · · 립 · 메 리 골 드
· 로 맨 스 공 시 지 가 · ·
소 · 피 · 원 · 름 · 잡 ·
프 로 보 노 · · 길 · 상 ·
트 · 자 · 디 워 · 소 금 인 형
웨 하 스 · 유 킹 카 주 · ·
어 · 칸 · 명 데 · 한 · 매
나 디 아 무 라 드 · 잔 다 르 크
· 나 · 실 · 쌩 · 다 · 로
랍 비 · 시 리 얼 · 이 자 ·
아 웃 링 크 · · 즘 · · ·
```

31

```
헨 리 포 드 · 적 · 세 ·
· 르 비 포 장 도 로 밑 줄
박 테 리 아 · 유 · 리 ·
무 디 냥 · 유 토 피 아 아
궁 콰 · 처 서 · 틀 로 ·
화 이 트 · 마 젤 란 버 ·
· 로 · 티 셔 츠 · · ·
· 그 거 소 시 오 패 스 ·
몇 날 며 칠 확 · 셔 대 ·
이 부 산 행 드 니 무 퀘 게
오 포 · 스 · 스 · · ·
면 도 진 기 타 르 트 · ·
```

32

```
당 돌 한 여 자 · 로 · 니 · 전
· 발 · 이 · 스 와 힐 리 어
박 보 영 · 렘 브 란 트 · 리
리 · 상 · · 요 즘 · · ·
다 · · 이 수 근 · 매 · ·
매 트 릭 스 · 부 엉 이 · ·
로 · 라 · 카 리 · 지 · 마
이 · 엘 클 라 시 코 · 메 · 이
팽 목 항 · · 코 · · 앤 ·
· 마 · 마 파 람 · 한 나 아 렌 트 메
시 나 리 오 · 맥 도 날 드 · 누 리
```

33

자¹	위	대		살²	인	자	만	들	기	조³

가로/세로 답:
- 자위대 · 살인자만들기 · 조선
- 르 / 스 / 선
- 겐 · 마⁴ · 턴 · 근³초⁵고왕 · 조
- 클⁴레오파트라 · 상 · 조
- 롭 · 쩌 · 역⁵세⁶권 · 실
- 천⁶둥 · 일 · 마 · 록
- 백⁷두⁹산 · 촌⁸철살인¹⁰
- 스 · 갑⁹분싸¹¹ · 플
- 페¹⁰루 · 이¹¹케¹²아 · 레 · 노¹³
- 이 · 임¹⁴ · 이 · 이¹²구동성
- 스 · 라¹³팔 · 블¹⁴루오¹⁵션 · 삼
- 라¹⁵이카 · 디 · 권

34

답:
- 구¹조조정² · 디²아스포라⁴
- 현 · 색 · 웃 · 텍
- 무³민⁵ · 트⁴리오 · 찰⁵스다윈⁷
- 리 · 집 · 브 · 도
- 수⁶미상관 · 아 · 문⁷방사우
- 움 · 프
- 받⁸아쓰⁹기 · 리 · 엘¹⁰
- 리⁹을 · 레 · 자¹⁰카르¹²타 · 리
- 용 · 받 · 본 · 완 · 베
- 기울¹³기 · 주 · 다¹²크나¹⁴이트
- 렁 · 정¹³의¹⁵당 · 레 · 터
- 확¹⁴증편향 · 용¹⁵산

35

답:
- 오¹스만제국
- 스² · 병 · 통³찰력
- 핀 · 수⁴ · 통³상임⁵금 · 클⁶
- 닭⁴치고정치 · 창 · 뒷⁷바라지
- 터 · 했 · 약 · 정⁶글짐 · 리
- 반⁷어법 · 오⁹ · 램 · 넷
- 암¹⁰ · 오 · 처⁸키 · 핑 · 닐¹¹
- 흑⁹마늘 · 나 · 암 · 딥¹²
- 의 · 도¹⁰쿠가¹³와이에¹⁴야스 · 마
- 핵 · 루 · 버 · 트 · 인
- 심¹¹쿵 · 지¹²뢰 · 랜 · 롱¹³보드¹⁵
- 백¹⁴남기 · 드¹⁵럼 · 리

36

답:
- 페¹르소나 · 이²슬람국가³ · 악⁴
- 이 · 사 · 가 · 바
- 사³부작사부작 · 불⁴가사리
- 답 · 다 · 킬⁶ · 가
- 삼⁷ · 실⁵리콘밸리 · 가⁶츠동¹⁰
- 각 · 업 · 티 · 만 · 방
- 김⁷동률 · 파⁸자마 · 불
- 알¹¹밥 · 베¹² · 로 · 역¹³전패
- 쓸 · 제¹¹왕절개 · 현
- 신¹²의주 · 속¹⁵수무책
- 잡 · 공 · 리
- 길¹⁴항작용 · 이¹⁵산가족

37

							전	
찰	떡	아	이	스				
리			승		무	릉	도	원
수	채	화		환	단	고	기	책
	플		가		골		계	엄	령
어	린	왕	자			약		니
니			지		정		직	육	면	체
스		구	태		의	연		가
트	럼	펫		블		가
헤		칙	릿		시	오	니	즘	건
밍	기	뉴					망
웨		스	도	쿠		고	지	혈	증
이		룸		바	오	밥	나	무

38

클	래	시	오	브	클	랜		
	프			레		턴	테	이	블
노	팅	힐		이		러		릿
이			징	크	스	리	얼	미	터
어	도	비			즘		셸
		일	인	시	위		위	너
		비			내		의
손	연	재	주	지	육	림	구	의	역
	합		이		차		미
	뉴		디		순	대		랩
미	스	터	선	샤	인	마	이	너	스
사			넬	삼	별	초		터

39

벨	리	댄	스			깔	퀴	디	치
벳				라	마	즈		퀵
골	키	퍼		용		만	쇼	케	이	스
드			광	장	시	장		텝
마	릴	린	먼	로		음
인			나		박	소	담	모	세
	며	느	라	기		사		패	링
육		이		모		설	상	가	상
삼	진	아	웃		쥐			춘
빌		나		보		불	후	의	명	곡
딩	피	라	미	드		놀		상
		자		카	네	이	션	록

40

노	희	경		고			에	코	백
		단	백	질		베		러	치
비	녀		라	이	트	형	제	아	다
린		국		남		너
내	시	경			그	럴	때	마	다
오		없		랜		셔	피
체		는	무	덤		먼	아
불	가	사	의		박	찬	호
만		사		스		신
족	이	회	창		안	시	성	야
		세	렝	게	티		모	놀
칠	전	팔	기			독	재	자

41

```
코 스 모 폴 리 탄         블 커
      드       핵       루 돌 프
마 천 루       토 일 기 예 보 스
크    이 센 스    희       틀 니
다    스    트 레 일 러       가
운 명    동       비 민 중 가 요
   태 양 의 후 예       들    라
      보             레    하
   자 괴 감       공       와
   유       광    중    이 끼
   부       합 기 도       인
인 공 위 성    덕 혜 옹 주    각
```

42

```
      문 학 동 네    백 래 시
   최    자    이 적    간 호 사
국 민 연 금    버          강
   식    대       가 화 만 사 성
뇌    출 출 한 여 자          균
졸    입    화    미          관
중 립 국    이       침 소 봉 대
   관    글          팬 준    곤
머 저 리    스 톤 헨 지    호 박 죽
슴    사                   문
   사 무 라 이          삼 각 주
   소    맘 마 미 아
```

43

```
   거 기 가 어 딘 데    흥    안
      생    린    헤 르 미 온 느
설 명 충    이    아    진       붓
국    이 집 트       진 달 래 꽃
   김 대 중       서
광 어    나       커 트 코 베 인
   준    선 글 라 스       니    왈
경 의 선          댄 스 스 포 츠
   뉴    나 향 욱          의
   스    이       베    상    속
   공    로 데 오 거 리    인 동 초
심 장 마 비       칩
```

44

```
   적 자 생 존    바 보    대 법 원
      이    덴 마    노       인
스    언    버       보    카 풀
페 널 티 킥    제 노 사 이 드
이    스    허          베
스    베 타 테 스 트       리
오    터    토       보 아 뱀
디 제 이    리 조 트    반    묘
티    종 탄    영    밤 도 깨 비
   격    자    남 이 섬       명
미 셀 투 르 니 에    무       커
   기    아    자 기 소 개 서
```

45

낙¹	타	몽²	달	귀	신³		시⁴			
	임	중			라		발³	본	색	원⁵
파⁴	워	포	인	트		면⁵	세	점		샷
	프		랙						유⁶	치	원
기⁸	레⁹	스	터	시¹⁰	티		네			킬
뽐	드		시				스			
조⁸	지	오	웰		콜		베¹¹	코⁹	이	카¹²
	션		니¹³	콜	키	드	먼			카
			가			로		메¹⁴		오
알¹¹	파	허¹²	참					르		닙
로			좋¹³	아	요		폭¹⁴	스	뉴	스
에¹⁵	스	토	니	아						

46

	칼¹	빈	슨	호²		글				
연⁴		센		빗²	자	루		청³	기	백⁵	기
탄⁴	젠	트			건	담⁶				병
재		반⁶	도	체⁷		다	이	버	전	트
		고		르		디				라
	라⁸	흐	마	니	노	프		바⁹	람	막	이
				르				이		앵
	다¹⁰	크		서¹¹	클		오	글	오	글
		편		원¹³			리			스
백¹²	이	숙	제		심		듬			트
				차¹⁴	력	사¹⁵				리
아¹⁴	리	따	움		과¹⁵	학	동	아		

47

머	쓱	타	드		미³	끄	럼	틀		난⁵
리		이		너⁶	네	주		김		장
말		타		에⁴	메	랄	드⁷	이⁸		이
	은⁹	닉		게		레⁶	이	디	가	가
	장			난		퓌		야		쏘
	도⁷	쿄	바	나	나	스				아
담¹⁰			에		라¹¹		에⁸	탄	올	
합⁹	정¹²		게¹⁰	임	이	론			린	
	준		넌		스		승¹¹	부	조¹³	작	은
셰¹⁴	일	오¹⁵	일		페¹³	놀		르		공
프		컬			이			디		
	토¹⁴	트	넘	훗	스	퍼		참¹⁵	외	

48

능¹	맹¹	꽁	이³		사²	파	리			니⁵
구³	기	자		청⁴	와	대				퍼
렁		용		주				카⁶	스	트
이			사⁷		종⁶	의	기	원⁸		크
터		진⁷	면	목		안¹⁰	철	수	삼⁹	바
미¹⁰	슐	랭	가	이	드		로		권	
네								분¹¹	당	선
이				메¹²	릴	스	트	립		
터		캐¹³	나	다		턴			엘¹⁴	
		비		메¹⁵	트	로	폴	리	스	
엔¹⁵	지	니	어		주				트	

49

	공	무	원		그	래	핀		
목		인			란	터	치	다	운
살	바	도	르	아	엔	데	레	이	
가		편					스	빙	점
지	천	명	오	케	스	트	라		
	일		뚜			탠			다
결	막	염	기		리	오	넬	메	시
	무		지			큐			만
	가		리			브	하	이	난
국	내	총	생	산	에	릭	남		세
자					펠	연	환	계	
감	자	탕			탑	건			

50

	백	범	일	지	함	무	라	비	법	전
		죄		그	저	께	인			소
		도		문			교	인	절	미
갤	럭	시	노	트			과		정	
가				프	리	랜	서			
돗	자	리		로			비	즈	니	스
	이	순	재				행			
키	네	틱	아	트	무	서	운	이	야	기
	덜		이		제				반	
	란		콘	돔	표	류	포	도	당	
	드			구	준		주			
				장	황	열	병			

모두의 가로세로 낱말퍼즐
#두뇌트레이닝 #시간순삭 #스트레스안녕

1판 1쇄 펴낸 날 2019년 4월 15일
1판 4쇄 펴낸 날 2023년 10월 20일

지은이 | 기명균

펴낸이 | 박윤태
펴낸곳 | 보누스
등   록 | 2001년 8월 17일 제313-2002-179호
주   소 | 서울시 마포구 동교로12안길 31 보누스 4층
전   화 | 02-333-3114
팩   스 | 02-3143-3254
이메일 | bonus@bonusbook.co.kr

ISBN 978-89-6494-378-6 04700

• 책값은 뒤표지에 있습니다.